InvertArte

LEONARDO EMANUEL ROCCO

InvertArte

El arte de dominar tus finanzas e inversiones

GRANICA

ARGENTINA - ESPAÑA - MÉXICO - CHILE - URUGUAY

ARGENTINA
Ediciones Granica S.A.
granica.ar@granicaeditor.com
atencionaempresas@granicaeditor.com
Lavalle 1634 3° G / C1048AAN Buenos Aires, Argentina
Tel.: +54 (11) 4374-1456 Fax: +54 (11) 4373-0669

MÉXICO
Ediciones Granica México S.A. de C.V.
Valle de Bravo N° 21 El Mirador Naucalpan - Edo. de Méx.
53050 Estado de México - México
granica.mx@granicaeditor.com
Tel.: +52 (55) 5360-1010 Fax: +52 (55) 5360-1100

URUGUAY
granica.uy@granicaeditor.com
Tel.: +59 (82) 413-6195 - Fax: +59 (82) 413-3042

CHILE
granica.cl@granicaeditor.com
Tel.: +56 2 8107455

ESPAÑA
granica.es@granicaeditor.com
Tel.: +34 (93) 635 4120

www.granicaeditor.com

GRANICA es una marca registrada

ISBN 978-950-641-867-0

Queda hecho el depósito que marca la ley.

Impreso en Argentina - *Printed in Argentina*

Rocco, Leonardo Emanuel
InvertArte : el arte de dominar tus finanzas e inversiones / Leonardo Emanuel Rocco. - 1a ed . - Ciudad Autónoma de Buenos Aires : Granica, 2015.
256 p. ; 22 x 15 cm.

ISBN 978-950-641-867-0

1. Finanzas Personales. I. Título.
CDD 332

LEONARDO EMANUEL ROCCO

InvertArte

El arte de dominar
tus finanzas e inversiones

GRANICA
ARGENTINA - ESPAÑA - MÉXICO - CHILE - URUGUAY

ARGENTINA
Ediciones Granica S.A.
granica.ar@granicaeditor.com
atencionaempresas@granicaeditor.com
Lavalle 1634 3° G / C1048AAN Buenos Aires, Argentina
Tel.: +54 (11) 4374-1456 Fax: +54 (11) 4373-0669

MÉXICO
Ediciones Granica México S.A. de C.V.
Valle de Bravo N° 21 El Mirador Naucalpan - Edo. de Méx.
53050 Estado de México - México
granica.mx@granicaeditor.com
Tel.: +52 (55) 5360-1010 Fax: +52 (55) 5360-1100

URUGUAY
granica.uy@granicaeditor.com
Tel.: +59 (82) 413-6195 - Fax: +59 (82) 413-3042

CHILE
granica.cl@granicaeditor.com
Tel.: +56 2 8107455

ESPAÑA
granica.es@granicaeditor.com
Tel.: +34 (93) 635 4120

www.granicaeditor.com

GRANICA es una marca registrada

ISBN 978-950-641-867-0

Queda hecho el depósito que marca la ley.

Impreso en Argentina - *Printed in Argentina*

Rocco, Leonardo Emanuel
InvertArte : el arte de dominar tus finanzas e inversiones / Leonardo Emanuel Rocco. - 1a ed . - Ciudad Autónoma de Buenos Aires : Granica, 2015.
256 p. ; 22 x 15 cm.

ISBN 978-950-641-867-0

1. Finanzas Personales. I. Título.
CDD 332

ÍNDICE

AGRADECIMIENTOS

A Ariana, mi amor, mi compañera, mi sostén y mi calma. Sin vos nada de lo poco o mucho que logre sería posible.

A mi hija, Juliana Abril, gran inspiración para no dejar de planificar el futuro. Me cambiaste la vida y me enseñaste a recalcular las prioridades.

A mi mamá, a mi tía "mamá", a "Tatín", mi padrino. A Vanina y a Mariela. Gracias totales. Si hay algo bueno en mi persona o en lo que soy, es el reflejo de ustedes.

A mi hermano Germán, por seguir peleando.

A mis suegros, tíos, tías, primos, ahijados y sobrinos por el amor de siempre.

Al doctor Julio Carson, a quien primero pude disfrutar como docente en mi etapa de estudiante y luego como colega. Gracias por tu infinita paciencia, y por acompañarme siempre con un consejo ante cada nuevo suceso profesional.

Al doctor Gabriel Vázquez, por su invalorable calidad humana y profesional, por creer en mí y por ayudarme a ordenar y desarrollar mis objetivos personales y profesionales, siempre con gran entusiasmo y compromiso.

Al licenciado Mariano Otálora, un gran emprendedor, por su infinita generosidad hacia mí, por su gran aporte a esta área y por ayudarme a conducir con pasión la Escuela Argentina de Finanzas Personales.

A Emilio Cicco, mi "editor despiadado", por su creatividad, su gran aporte profesional y su cálida compañía durante la concreción de este libro.

Al licenciado Gastón Rossi, titular de LGG y exviceministro de Economía de la Nación, y al doctor Juan Manuel Carnevale, director de las licenciaturas en Mercado de capitales y Administración bancaria de la Universidad del Salvador, por enriquecer mediante su colaboración algunos aspectos puntuales de este libro.

A todo el equipo de "¿Qué hacemos con los pesos?", que se emite por Canal 26, y al de la revista *Cultura Inve$t.*

Al doctor Francisco Pertierra Cánepa, presidente de la Asociación Argentina de Fideicomisos y Fondos de Inversión Directa y docente de la Universidad del CEMA, por contribuir a mi crecimiento profesional y por su valiosa colaboración en el tratamiento del fideicomiso como tema de este libro.

A Damián Zelentcher, de Interval International, por aportar conceptos clave en lo referido a propiedad compartida.

A Carolina Pardo, Ariana Szewczuk, Martín Federici, Matías Schiavone y Leonardo Lucano por ser los pilares históricos de mi querido Grupo IMYF SA. A todo el equipo de SAT Investment SA y de la Escuela Argentina de Finanzas Personales. Sin gente con empuje, no hay empresa posible. Y ustedes son las mejores personas con las que me podría haber cruzado para llevar adelante esos proyectos.

A cada uno de quienes integran o integraron mis equipos de trabajo, por ayudarme a crecer y a tratar de ser día a día un mejor líder, siendo pacientes con mis errores y ayudándome a superarlos.

A cada uno de mis clientes, los eternos y los que ya no están. Más allá de la constante capacitación que un profesional debe tener, ellos me enseñaron muchísimo sobre "la economía real" y me dieron una visión muy valiosa de las diferentes ramas de negocios.

A todos los integrantes de Ediciones Granica por apoyarme en este proyecto, con mucha dedicación y compromiso.

A todos los miembros del Consejo Profesional de Ciencias Económicas, Delegación Lomas de Zamora, por permitirme compartir un espacio de crecimiento profesional y de calidad humana excepcional.

Al doctor Eduardo Stocco, por su colaboración en este libro, aportando sus conocimientos sobre planificación sucesoria.

Al doctor Christian Uzal, por su calidad profesional y su amistad.

Y si bien este es un trabajo profesional, me gustaría descontracturarme un momento y dedicarles un agradecimiento especial a mis amigos, verdaderos hermanos de la vida: Diego y Pablo Lucano, Patricia y Darío Lazarte, Christian Maffullo, Claudio "Coco" Álvarez, Álvaro Fernández Varela, "Polola" Rancaño, Gustavo Castrovinci, Marisel Campasi y Sergio Quinto. A todos, gracias por estar siempre y perdón por postergarlos muchas veces a causa de tanto trabajo.

INSPIRACIÓN Y HERRAMIENTAS

¿A quién no le gustaría tener un mejor pasar, compartir más tiempo con la familia o simplemente cumplir algunos objetivos que solo el dinero puede ayudar a concretar?

No hay que vivir aferrados a lo material, pero debemos reconocer que muchas situaciones, afrontadas con dinero, podemos transitarlas con mayor seguridad y tranquilidad. Para quienes dejan el futuro financiero atado exclusivamente al azar, los recursos económicos se transforman en una máquina de construir y destruir sueños. La falta de dinero o los problemas que de ella se derivan pueden condicionar decisiones clave de nuestra vida, desde un cambio de empleo o de vivienda, la elección de qué estudiar y hasta el proyecto de ampliar la familia. Sin embargo, quienes gozan de un buen pasar y tienen resuelta gran parte de sus problemas tampoco se sienten, en todos los casos, plenos. Así, la situación de unos y otros nos conduce a preguntarnos qué es lo que nos hace felices. Todos necesitamos, sin dudas, un capital. Pero no debemos confundir el logro de una vida feliz con la cantidad de dinero que podamos reunir.

Nuestro gran desafío es alcanzar un saludable equilibrio entre vivir y disfrutar del hoy mientras vamos construyéndonos un futuro mejor, un futuro mucho más cercano de este presente de lo que podamos imaginar. Cada decisión que tomamos impacta aquí y ahora, pero también en los tiempos venideros. Ahorrar e invertir no significa renunciar a vivir: estoy convencido de que podemos hacer todo lo que nos guste si somos equilibrados y comprendemos que no todo tiene que ver con el dinero. No obstante, es muy importante entender cómo la inversión y el ahorro funcionan si queremos vivir con menos problemas y transitar este viaje con el equipaje más liviano posible.

Leonardo Rocco, experto en la materia, explica en este libro, con gran sabiduría, cuáles son los caminos necesarios para alcanzar ciertas metas económicas en cada etapa de la vida. Para ello, brinda herramientas concretas y accesibles para transitar el inagotable camino de "InvertArte", un método que combina creatividad y planificación, ingenio y dedicación.

La tarea de proponernos objetivos e intentar alcanzarlos es fundamental, al igual que entender qué nos motiva, cuáles son las opciones que tenemos y cómo adaptar nuestros objetivos o sueños a un plan para concretarlos. Esto es, nada más y nada menos, lo que ofrece la obra de Leonardo. De allí su inmenso valor, sobre todo para los lectores de una región como América Latina y de países como la Argentina, cuyas historias hablan con frecuencia de una inestabilidad y de problemas estructurales que parecen irreversibles.

Nadie puede dejar su futuro financiero librado al azar. Es preciso animarse y emprender esta aventura, que no consiste en otra cosa que en asegurar una vida más organizada y económicamente previsible para nosotros y para quienes dependen de nuestras decisiones. No tengo dudas, estimados lectores, de que cada página de este libro les brindará la inspiración y las herramientas necesarias para alcanzar todo lo que deseen.

Lic. Mariano Otálora

Director ejecutivo de la Escuela Argentina de Finanzas Personales. Director periodístico de la revista especializada *Cultura Inve$t*. Conductor del programa televisivo "¿Qué hacemos con los pesos?". Reconocido autor de libros sobre finanzas e inversiones.

Septiembre de 2015

UNA GUÍA IMPRESCINDIBLE

El ahorro, la inversión y la preservación del capital, entre otros, son temas que deberían figurar en la agenda de todos, y en especial en la de los más jóvenes, porque la desatención de estas cuestiones se convierte, después de cierta edad, en un problema que ya no puede resolverse.

Gracias a mi actividad, tengo el placer de compartir muchas horas de trabajo con Leonardo Rocco, un experto en encontrar soluciones allí donde otros ven una misión imposible. Pese a su juventud, posee gran experiencia, no solo como resultado de los años sino también por la intensidad, riqueza y diversidad de los trabajos y desafíos que ha superado. Su vocación por agregar valor y ayudar a generarlo es admirable.

En *InvertArte* el autor expone en un lenguaje amigable gran cantidad de herramientas útiles para todos aquellos que deseen dar sus primeros pasos en el arte de invertir y en la planificación de su futuro financiero. Rocco plantea dos tareas imprescindibles y clave. La primera, ocuparnos de nuestras finanzas, porque si no lo hacemos nosotros, nadie lo hará en nuestro lugar. La segunda, desarrollar una cultura del ahorro y la inversión, una "cultura *inve$t*", como Leonardo la llama siempre en nuestras habituales reuniones de trabajo.

Desde luego, nadie debe esperar aquí la presentación de soluciones mágicas para hacerse rico sino una invitación realista y viable a desarrollar la disciplina, la inteligencia y el sentido común necesarios para planificar algo tan importante como las finanzas personales y familiares. El fin es brindar herramientas para que el lector pueda llegar tranquilo al momento elegido para disfrutar su retiro laboral, sin depender de una jubilación.

Rocco pone al alcance de todos una guía imprescindible, conceptos clave adaptados a nuestro contexto, prácticos. Como es sabido, vivimos momentos de altísima incertidumbre. Rara vez se nos presentan expertos de la calidad de Leonardo dispuestos a compartir sus experiencias y estrategias de trabajo en un libro que, como este, está llamado a iluminarnos el camino. Si se lo pierde, estimado lector, no diga que no le habían avisado.

Lic. Gabriel Vázquez

Director del Departamento de Administración - Ciclo Superior y profesor titular de Dirección General y Comercialización, Facultad de Ciencias Económicas (FCE) de la Universidad Nacional de Lomas de Zamora (UNLZ).

Septiembre de 2015

INTRODUCCIÓN

Si buscas resultados distintos,
no hagas siempre lo mismo.
Albert Einstein

Comienzo a escribir este libro desde Australia, la isla más grande del planeta. Llegué a Melbourne después de un viaje agotador desde Buenos Aires. Debo reconocer que la distancia era tan grande como las ilusiones que traía de conocer una nación que, según me contaban, era muy similar a mi Argentina.

Pero lo que planeaba como un descanso se convirtió en un ejercicio de análisis y comparación impulsado por mi incredulidad. En poco más de treinta años, Australia escaló hasta figurar entre las quince mejores economías del mundo, al tiempo que muchas de sus ciudades comenzaron a ser consideradas los diez mejores lugares para vivir, según la revista *Forbes.* De acuerdo con datos del Banco Mundial, mientras que el Producto Bruto Interno (PBI) per cápita[1] de la Argentina ascendía en 2013 a 14.760 dólares

1 "El PBI per cápita es el producto interno bruto dividido por la población a mitad de año. El PBI es la suma del valor agregado bruto de todos los productores residentes en la economía más todo impuesto a los productos, menos todo subsidio no incluido en el valor de los productos. Se calcula sin hacer deducciones por depreciación de bienes manufacturados o por agotamiento y degradación de recursos naturales" (Banco Mundial, en: http://datos.bancomundial.org/indicador/NY.GDP.PCAP.CD)

y el de Uruguay a 16.351 dólares, el de Australia era de 67.468 dólares. Un bienestar económico excepcional. Durante el mismo año, la tasa de inflación fue del 2,4% en Australia contra el 28,3% en la Argentina, mientras que en 2014 la inflación en Australia bajó a 1,7% y en la Argentina ascendió al 38,53% (medida por el IPC Congreso). ¿Cómo es posible que la Argentina se encuentre a años luz de este país tan similar y, sin embargo, tan diferente?

La calidad del transporte público, la seguridad, los servicios de salud y de educación (gratuita y sumamente exigente) muestran a Australia como un país desarrollado, que devuelve en bienestar al ciudadano la alta carga impositiva de la que muchos se quejan. Les daré algunos ejemplos para no quedar en frases hechas.

El transporte público es de primera calidad. Me llamó la atención que allá uno marca una tarjeta magnética al subir y al bajar, ya que el sistema cobra por lo que uno permanece en el autobús. Me reía pensando cuántos en mi país tratarían de pasar la tarjeta mucho antes de bajar, para pagar de menos. Durante mi estadía, iba a correr a un campo de deportes con pista de atletismo de tartán, canchas de fútbol, rugby y, por supuesto, cricket. Y pertenecía a una escuela pública. En la zona había otros complejos similares, también de escuelas públicas. Por un problema de salud de un familiar, visité un hospital en Australia. La tecnología, la limpieza y la organización de ese hospital público eran admirables. Mientras esperaba para ingresar a la visita, en un salón colmado de gente, un hombre ingresó saltando en una pierna con una herida en el tobillo. En cuanto se anunció en recepción, salieron inmediatamente dos médicos, lo sentaron en una silla de ruedas y lo llevaron para su inmediata atención. Rápidos, eficientes.

Los australianos tienen claro que deben abrirse al comercio mundial, y, para eso, trabajan en mejorar y perfeccionarse.

Todo lo que observé durante mi viaje me provoca una sana envidia. Australia es casi un calco de la Argentina en cuanto a clima, geografía y recursos, pero con una diferencia: *allí las cosas funcionan de verdad.* El respeto, los controles y el cumplimiento de la ley no se negocian. El sistema de *parking* en Melbourne tiene dos variantes: zonas en las cuales hay un cartel con el signo "$", que indica estacionamiento pago, y otras en que otro cartel indica el tiempo máximo de estacionamiento, que es sin cargo. Un día, iba a bordo del auto de mi tío, que vive allí, y dimos vueltas por 10 minutos; no había ni un solo lugar. De repente, veo un cartel que indicaba estacionamiento sin costo, con un tiempo de 45 minutos libres de permanencia. ¡Ya está! ¡Lo logramos!, pienso. Pero mi tío sigue conduciendo. Ante mi sorpresa, le pregunto por qué se había ido, con lo que nos había costado encontrar un lugar en la calle para dejar el vehículo. Entonces me dice: *Me fui porque el cartel decía "estacionamiento libre por 45 minutos", y nosotros seguramente estemos en este lugar una hora.* Las cosas funcionan de verdad porque la gente hace que funcionen desde su deber ciudadano, cumpliendo las normas a rajatabla. Ahí entendí todo…

Sin dudas, la educación es una de las principales armas que tienen los pueblos de América Latina para superar el atraso social. Si bien en muchos países de la región se ha llegado a cumplir el objetivo de la cobertura educativa universal, aún se percibe un atraso importante al desaprovechar las oportunidades que brinda una economía moderna y globalizada.

Si comparamos lo que sabemos sobre finanzas personales con las etapas iniciales de aprendizaje, podremos concluir que el sistema educativo es, desde hace tiempo, obsoleto. Nuestros jóvenes se forman para la vida ciudadana. Adquieren conocimientos sobre sexualidad, y prevención de enfermedades. Sobre historia, geografía y artes. Entrenan habilidades para incorporarse al mundo laboral. Pero,

¿qué hay de la educación financiera? ¿Por qué no hay materias que traten sobre cómo planificar la generación y el uso de los recursos económicos? ¿Dónde están los profesores que brinden a los jóvenes las herramientas para aprender a utilizar su dinero? Un tema clave y delicado en el que la mayoría actúa a ciegas.

No aprendimos de jóvenes. Y luego nos negamos a aprender de grandes. Cuando nos enfermamos, acudimos al médico. Cuando tenemos un problema legal, recurrimos a un abogado. Pero a la hora de pensar qué hacer con nuestros ahorros, ¿consultamos al asesor financiero? No, excepto que se trate de un capital muy importante. Qué equivocados que estamos...

Si bien el dinero no hace la felicidad, es el vehículo más importante para, por lo menos, evitar situaciones que nos hagan infelices.

Como contador público –profesión en la que comencé a navegar hace 18 años, cuando me inicié como cadete de un estudio contable–, mantengo un contacto cotidiano con colegas, emprendedores, hombres y mujeres de negocios, y asociaciones empresarias. Todos ellos tienen sueños, deseos, necesidades y, claro, miedos. Ahora bien, ¿sabe por qué fracasa la gran mayoría? Porque se comportan como analfabetos financieros. Del idioma de las finanzas conocen, a duras penas, algunas letras. Pero el alfabeto completo les resulta ajeno.

Los asesores especializados, por su parte, padecen a causa de ese desconocimiento. El *analfabeto financiero* es una persona desconfiada, insegura y poco decidida para la inversión. Porque lo desconocido –y esto es ley– nos paraliza. Si bien la racionalidad debería imponerse en las decisiones de inversión, en la práctica estas se basan principalmente en las emociones. Por eso, la confianza es fundamental: cuanto más educado es el inversionista, más seguridad, capacidad de reacción y calidad tiene en la toma de sus decisiones.

El asesor financiero actúa como una suerte de buen psicólogo: con su tratamiento busca que el paciente se libere de traumas, y pierda el temor a plantearse objetivos de mediano y largo plazo.

Advierto: no creo en fórmulas mágicas. Tampoco en los autodenominados gurús, y menos en aquellos que hablan de cosas que nunca vivieron y que solo conocen porque se las contaron en Harvard. Si me atrevo a asesorar a un emprendedor, es porque trabajé para muchos de ellos. Estuve en el terreno. Acompañé y asistí a mis clientes para ayudarlos a esquivar los golpes de la economía. Les acerqué las herramientas para que el costo de sus ambiciones y proyectos fuera el menor posible.

De este modo, a lo largo de los años, asistí a cientos de personas para solucionar problemas de su economía diaria. Gracias a esa experiencia, desarrollé los pilares de una disciplina que bauticé con nombre propio: InvertArte.

Transformar la inversión en un arte integrado a nuestra vida es posible. Y también es posible hacer de la autosuperación nuestro valor principal.

Si cada uno se entrega a esta nueva filosofía que anima a InvertArte, podrá transformarse en un alfabetizado financiero. Con una educación financiera acorde a los tiempos que corren, estoy convencido de que nuestra región verá crecer a los inversionistas y emprendedores, verá multiplicar las inversiones productivas y los puestos de trabajo. Y así podremos acercarnos a esa Australia soñada, que conocí y tanto me deslumbró.

Muchas personas confiesan que, una vez que sintieron que el dinero ya no era un problema en sus vidas, comenzaron a priorizar la calidad de sus relaciones con la familia y los amigos.

Entonces, ¿cómo no hacer un pequeño esfuerzo para capacitarnos en el arte de prever e invertir?

ADVERTENCIA AL LECTOR

Después de tanto andar, descubrí por qué tantas personas, a la hora de dedicarse a las inversiones, tienen malas experiencias. La razón: lo primero que hacen es "invertir". La inversión, en verdad, debe ser el punto culminante de todo un proceso. A esas personas les falta recorrer un camino previo y contar con un *plan financiero integral* (PFI).

¿Alguna vez les tocó planificar un largo viaje de vacaciones? El plan financiero tiene ese mismo espíritu. Antes de viajar, habrán evaluado primero a qué lugares les gustaría ir. Luego eligieron adónde irían, con precisión. Si fueron al exterior del país, contrataron el seguro médico de asistencia al viajero, planificaron en qué hoteles se quedarían, hicieron reservaciones, analizaron puntos para recorrer y excursiones a realizar. Luego chequearon el clima y las posibles salidas en caso de mal tiempo, y armaron sus valijas con la indumentaria necesaria. Por último establecieron qué cantidad de dinero necesitaban, y ahorraron en consecuencia. *Y al final, disfrutaron de sus merecidas vacaciones.*

Esto es ni más ni menos que un proceso analítico. Lo cuantificaron. Elaboraron un plan. Lo ejecutaron. Y por último, lo monitorearon.

LA VIDA ES UN VIAJE, UN POCO MÁS LARGO.

En el plan del viaje, si hubieran dejado de lado el análisis, seguramente habrían omitido algo que posiblemente *arruinara sus vacaciones*. Con el plan financiero, sucede lo mismo: de no hacerlo, cualquier circunstancia no contemplada puede arruinarlo todo.

Es el momento de elegir:

- o dejas este libro y sigues viviendo una vida altamente llena de riesgos por no planificarla financieramente,
- o pasas la página y te sumerges en el camino de planificar de forma eficiente tus objetivos de vida.

Si decides seguir adelante, comencemos juntos esta filosofía tan misteriosa como apasionante.

Bienvenidos a *InvertArte.*

PARTE I

BIENVENIDO A CONOCERTE

CAPÍTULO 1

DEJA ATRÁS AL ANALFABETO FINANCIERO

La función capital de la cultura, su verdadera razón de ser, es defendernos de la naturaleza.

Sigmund Freud

Hasta un niño lo sabe: los humanos somos los seres más sociales del reino animal. Pero claro, la sociedad influye en nuestra formación social. Algunos grupos como la familia y los amigos son más cercanos y ejercen una influencia muy directa, en tanto que otros, como las instituciones, medios y demás, lo hacen de manera más impersonal mientras cambian con el tiempo.

Para adaptarse a la sociedad, contamos con dos atributos principales: la racionalidad y la emoción. Con uno resolvemos problemas de nuestra vida social. Y con el otro reconocemos esos problemas y nos mantenemos motivados.

En todo grupo, cada cual comparte sus problemas de pareja, sus conflictos con los hijos, sus luchas en el trabajo, y todos interactúan basados en su propia experiencia. Este conocimiento permite ayudar al otro aún inexperto. E incluso, sobre ciertos asuntos, el grupo llega a un consenso. El proceso funciona a la perfección. O eso parece.

Pero, ¿qué sucede cuando sobreviene un problema de inversiones, de ahorro, de mal uso del dinero? Allí, nadie sabe cómo ayudar al otro. ¿Saben por qué? Porque todos enfrentan la misma falta: son analfabetos financieros. Como le sucede al grupo de amigos que conoceremos a continuación.

La moraleja del grupo de tenis

Había una vez un grupo de amigos que disfrutaban juntos los fines de semana en familia. La excusa era ir al club a jugar al tenis. Pero en verdad, más que el partido, todos esperaban el almuerzo y, especialmente, la sobremesa. A la hora del postre, se lucían los "expertos en todo" que exponían sus soluciones para arreglar el mundo.

Como sucede en la dinámica de grupos, estos amigos compartían experiencias sobre sus problemas. Un tema recurrente eran las lesiones deportivas. Pero también la crianza de los hijos, el cuidado de los padres mayores, los problemas de trabajo... Siempre alguien desenfundaba una historia y entre todos elaboraban una posible solución.

Un día, uno de los amigos tuvo un accidente que disparó un problema financiero urgente. Y esa vez, los expertos en todo de la mesa quedaron en silencio. ¿Qué había sucedido?

En una noche lluviosa, Gabriel –arquitecto de 56 años– sufrió un accidente automovilístico y salvó su vida de milagro. Pero quedó en el hospital con pronóstico reservado. Y su familia, por falta de planificación, se enfrentó a una crisis impensada y quedó al borde de la bancarrota.

Gabriel nunca había creído en cuidar el dinero. Era un profesional independiente, sin seguro de vida ni ahorros, y su situación había reducido a cero el ingreso de su hogar de la mañana a la noche. Él, su esposa (Ana, ama de casa) y sus dos hijas (estudiantes universitarias) prefirieron siempre, como muchas familias, apostar al consumo. Así, el excedente ganado con los últimos trabajos de Gabriel se esfumó en unas hermosas vacaciones en el Caribe, en un smart TV de 55 pulgadas y en un iPhone 6 para cada una de sus hijas.

"No tenemos más que nuestra casa y el auto. ¿Qué voy a hacer si Gabriel sigue sin poder trabajar?". La pregunta de Ana enmudeció a todo el grupo de amigos. "Dejé mi trabajo cuando nacieron mis hijas para dedicarme a ellas y a la casa. ¿Cómo puedo seguir pagándoles la universidad privada? Ellas nunca trabajaron y yo no sé qué empleo podría conseguir." Nadie sabía qué decir. Nadie había pensado en esto jamás.

¿Qué debió haber hecho Gabriel para evitar la crisis económica que ahora enfrentaba su familia? Ante todo, planificar financieramente su vida para vivirla sin el temor de que un riesgo no cubierto arruinara todo. ¿Cómo? Con el diseño de un *Plan Financiero Integral* (PFI) que brindara la tranquilidad y la seguridad necesarias para disfrutar más plenamente los afectos y la libertad de ir en busca de objetivos, metas o sueños.

Una estrategia de tres patas

La mesa de tres pies ya era conocida por los egipcios y otros pueblos orientales. Sin embargo, fueron los griegos y romanos quienes la popularizaron. Los trípodes o mesas délficas se empleaban principalmente para ritos sagrados.

La mesa de tres patas tiene una cualidad: aunque las patas tengan longitudes distintas, nunca se desestabiliza. ¿Por qué? Porque tres puntos de apoyo definen un único plano. Uno solo. Esta razón puramente geométrica explica el uso de trípodes como base de diversos instrumentos en agrimensura y fotografía. En materia de finanzas, la regla es la misma.

Una sólida estrategia de planificación financiera se sostiene sobre tres patas o pilares: la protección, la pensión y la acumulación.

- **Protección.** La brindan aquellos instrumentos (por ejemplo, seguro de vida, seguro de salud y renta familiar) que garantizan el cumplimiento de un conjunto de objetivos aun en caso de enfermedad, invalidez o muerte del titular.
- **Pensión.** Se trata de acumular un patrimonio intocable como resguardo adicional a la jubilación o beneficio previsional equivalente obligatorio de cada país.
- **Acumulación.** Consiste en reunir activos, a la mayor tasa de rendimiento posible o aceptable, para objetivos de corto, mediano y largo plazo. Este punto volveremos a ampliarlo más adelante, al tratar la "fábrica de rentas".

En este libro te demostraré que diseñar tu propio Plan Financiero Integral es más fácil de lo que la mayoría piensa. Un plan que, como hemos visto con la mesa de tres patas, nada ni nadie puede derribar.

CAPÍTULO 2

EL GABRIEL QUE TODOS LLEVAMOS DENTRO

¿Cómo me veo en cinco, diez y veinte años?

En la planificación financiera, uno debe responder algunas preguntas simples:

¿Cuantificaste económicamente tus próximos objetivos o metas?

¿Cuál es tu patrimonio actual?

¿Tienes en claro tus deudas y a qué tasas las financias?

¿Cuáles son tus ingresos reales y cuánto es tu monto consumido o gasto mensual?

¿Cuál es tu margen real de ahorro?

¿Cuentas con las coberturas sociales necesarias?

¿Eres un ciudadano bancarizado e impositivamente incluido en el sistema?

¿Tienes una estrategia para sortear los diferentes escenarios económicos que puedan aproximarse?

Y también deberíamos responder otras preguntas no tan simples, pero necesarias para nuestro futuro: ¿Cuándo desearías dejar de trabajar? Es decir, qué edad jubilatoria planificas. Y, por otro lado, ¿cuánto dinero necesitarías para vivir desde ese momento hasta el fin de tus días? Este último es un interrogante más subjetivo, así que mi recomendación es protegerse y planificar como si fuéramos a vivir 110 años.

Una vez que elaboramos las respuestas, podemos continuar normalmente con nuestras vidas. Pero antes, necesitamos tomar una decisión clave: o restringir un poco el gasto y comenzar a ahorrar para el futuro a partir de ese momento. O disfrutar de los placeres sin restricciones, dejando para otra oportunidad esa cuestión incómoda del ahorro. Pero mañana ya puede ser tarde.

Hay un puñado de convicciones que nos ayudarán en el camino:

- Creer que la vida no es tan simple.
- Progresar profesionalmente requiere sacrificio y constante capacitación.
- La educación de los hijos implica una inversión necesaria y costosa.
- La jubilación o el retiro que contempla la ley probablemente sean menores que el ingreso actual y, por lo tanto, no alcancen para sostener el mismo nivel de vida.
- No se quiere llegar a los setenta años urgidos de trabajar tanto como a los treinta.
- Tal vez a los hijos les cueste progresar y, en consecuencia, no puedan ayudar a la manutención de sus padres en el futuro...

Entonces, en este caso, el camino es la planificación financiera. Piénsenlo. Hagan cuentas. Ahorren y planifiquen. Lo sugiero porque de algo estoy convencido: *de lo que hagamos con nuestro presente estará formado nuestro futuro.*

Volvamos a Gabriel, aquel arquitecto que se reunía con sus amigos a jugar al tenis los sábados y que se accidentó. Como muchas otras personas, jamás pensó que algo podría sucederle y no tomó precauciones para proteger a su familia.

Nunca se preocupó por tener cobertura adicional ni analizó qué pasaría con el ingreso familiar el día que –si se diera el caso– él no estuviese. Este es otro problema que tiene una solución fácil: un seguro con cláusula de renta familiar (que la familia del asegurado cobre, por ejemplo, 3 mil dólares mensuales por diez años ante un accidente) tiene un costo mensual menor a lo que gastaban, los cuatro, en comer en restoranes. Un hábito que repetían varias veces a la semana.

PRIMERA CONSIGNA

Distinguir objetivos realizables de deseos imposibles

Desde siempre, el ser humano tiene metas y sueños que quiere hacer realidad. Aunque, excepto que uno sea un afortunado, difícilmente todos los sueños se cumplan al mismo tiempo.

Si tomamos, por ejemplo, la educación de nuestros hijos, un objetivo de corto plazo es que el chico apruebe todas las materias del año lectivo. En este caso, *el objetivo es claramente mensurable,* en función de que apruebe o no. Otro objetivo de los padres podría ser que los hijos sean buenas personas. Este es un objetivo de largo plazo y difícil de mensurar.

Por suerte, los objetivos que involucran la erogación de dinero son mensurables.

Comprar una casa, un auto, realizar un viaje, se pueden medir con facilidad. No todos los sueños se pueden transformar en objetivos. Es vital hacer una escala de valores acerca de cuáles se transformarán en objetivos y en qué tiempo.

Ahora bien, ¿cómo se distingue un sueño de un *objetivo financiero*? Todo objetivo financiero reúne cinco características.

1. **Es específico.** Como ejemplo podría decir: "deseo poder ahorrar". No es algo abstracto. Es concreto. Preciso. Palpable.
2. **Es mensurable.** Todos los objetivos financieros se pueden medir. Si mi objetivo es obtener una renta pasiva (generada por bienes, no derivada del trabajo personal, salario u honorarios) de 5 mil dólares mensuales, entonces tendríamos esa cifra como indicador para determinar si uno logra lo que se propone. Cada cual crea la medición.
3. **Está orientado a la acción.** El objetivo no es estático. Implica hacer. Entonces, si digo: "*Mi* objetivo financiero es generar una renta pasiva de 5 mil dólares mensuales, *me gustaría hacerlo"*, uno estaría en la etapa de la inacción. Se necesita visualizar el objetivo, establecer una estrategia y aplicar un método para lograrlo. Pasar del *me gustaría* al *hago esto para lograrlo.*
4. **Es realista**. Debemos pensar, en primer lugar, en que no sea imposible. Tampoco hay que subestimar la capacidad humana ni dejarnos influenciar por personas negativas. Nadie está en posición de decir que un objetivo es realista o que es imposible para alguien. Además, los expertos también se equivocan. Veamos estos dos ejemplos de lo que *expertos* han dicho:

   "Creo que suenan mal, además la música de guitarra está en su momento final." (Director de la compañía Decca Recording al rechazar a los Beatles en 1962.)

   "Si hubiera hecho caso a lo que leía al respecto nunca habría realizado el experimento. La bibliografía estaba llena de ejemplos que decían que uno no podía hacerlo." (Spencer Silver, en el trabajo que lo condujo a inventar los únicos adhesivos para notas Post-it, de 3M).

Cuando tengas un objetivo definido y creas en él, y hayas estudiado sus posibilidades, planificando una posible estrategia, sumado a la corazonada que generalmente se siente cuando nos llega eso que pensamos que va a funcionar, puedes recibir la opinión de personas que en teoría saben más, *pero:*

Cuando se trata de saber lo que uno quiere, uno es el que más sabe.

5. **Requiere un límite en el tiempo.** Esto no es otra cosa que adherirle al sueño *fecha de vencimiento* (no será terminante, ya que podrá postergarse razonablemente si se van cumpliendo pasos delineados en la estrategia y observamos que nos fuimos acercando al objetivo trazado).

Contemplado esto, llegó el momento clave: aprender a transformar tus sueños en objetivos realizables.

CAPÍTULO 3

CÓMO SALIR DE LA ZONA DE CONFORT

La zona de confort es un imaginario donde nos sentimos seguros, cómodos y donde todo lo controlamos. Si aceptas eliminar ese límite y avanzar podrás alcanzar una vida más rica en emociones, experiencias y perspectivas. Y ello te hará crecer y evolucionar, conectándote con tu mejor versión.

Si el cálculo o el álgebra fuesen imprescindibles para ser un buen inversor, tendría que volver a ser repartidor de diarios.

Si les asusta pensar en educación financiera, respiren tranquilos: esta frase fue pronunciada por Warren Buffett, uno de los inversionistas más importantes de la historia y uno de los más ricos del mundo. Para él, las capacidades matemáticas necesarias para ser un gran inversionista son sumar, restar, multiplicar, dividir, calcular porcentajes y rentabilidad. Más que esto, según él, es un desperdicio. Es curioso. Muchas personas explican que no realizan determinada actividad económica o de inversión por considerarla riesgosa. Sin embargo, llevan una vida con grandes riesgos ya que no tienen la educación financiera acorde con la toma de decisiones que los tiempos modernos requieren.

En marzo de 2012, de vacaciones en una playa de Brasil, conocí a un prestigioso médico argentino de 68 años llamado Juan. Él no solo era médico, también era un gran empresario, creativo y con gran iniciativa. A esa altura de su vida, el dinero no era para él un problema. No pude con mi genio y le pregunté qué significaba para él ser rico.

Juan acomodó sus lentes y dijo: "¿Viste a los chicos que atienden el bar? ¿Observaste la cara del que nos trajo las bebidas? Todos tienen un común denominador: la sonrisa. Son felices, aunque sepan que servirán bebidas en un bar de playa toda su vida. ¿Te preguntaste por qué, cuál es su secreto? Te lo cuento yo: la falta de ambición. El día que pueda comprarles un poco de su falta de ambición, ese día voy a sentirme rico".

En la actualidad, el concepto de riqueza está ampliamente relacionado con el de libertad. Disfrutar de los amigos, de la familia, de las actividades que nos apasionan. Decidir qué hacer con nuestro tiempo sin estar esclavizados por una jornada laboral. Para eso, es necesario tener libertad financiera, algo que está a la vuelta de la esquina: solo hay que saber cómo y dónde buscarla.

Libertad y dependencia

¿Puede uno tener libertad financiera aun trabajando en relación de dependencia? Un puñado de gurús de las finanzas internacionales afirma que ser un empleado en relación de dependencia es sinónimo de ser un inepto. *No estoy de acuerdo.* En verdad, no hay nada mejor que la libertad de una persona de elegir qué actividad lo hace feliz y desarrollarla. ¿Acaso un docente que trabaja en relación de dependencia por un salario, que ama lo que hace, es un tonto? Esta persona es un privilegiado que vive de lo que le gusta.

Ahora bien, trabajar en aquello que nuestro corazón elige no significa renunciar a ordenar nuestras finanzas ni a planificar nuestro futuro. Tomemos el caso de quien ha abrazado la vocación docente. ¿Sabe ese maestro qué porcentaje entrega mensualmente en concepto de impuestos, aportes a la seguridad social o cuota sindical? ¿Conoce qué deducciones puede computar legalmente para pagar menos impuestos? ¿Se detiene a pensar que, sin el correcto conocimiento, cuantas más horas trabaje más impuestos va a pagar? ¿Tiene la información necesaria para saber que hay fuentes de ingresos, producidas por ciertos activos, que no tributan impuestos y rinden un cien por ciento de ganancias? ¿Llega a comprender que la única forma de salvar a los países en crisis financiera es emitiendo más deuda, pagada con más impuestos a los trabajadores y a la posesión de bienes?

La educación financiera no debería, como leí muchas veces, alentar a abandonar los empleos en relación de dependencia. Debería empujarnos a buscar aquello que nos haga felices, pero de un modo inteligente y usando las herramientas disponibles para producir ingresos adicionales y proteger el patrimonio y las fuentes generadoras de rentas.

Quien no sepa de finanzas, quedará fuera

Con la llegada de Internet el mundo cambió a pasos agigantados. Aún lo hace. La crisis financiera mundial que se disparó en el año 2007 marcó el fin de una *era manual* en la cual la mano de obra constituía el insumo fundamental de la mayoría de las industrias. E inauguró la *era mental*, basada en la información, en la cual los únicos que sobrevivirán a la extinción programada de la clase media serán aquellos que hagan de la educación un culto para mantenerse actualizados y no morir en el intento.

Es sabido: los avances tecnológicos eliminan día a día más y más puestos de trabajo humano. La próxima década será la más inestable de la historia y la más influyente en los cambios globales. Vemos a diario que, en muchas partes del mundo, importantes empresas cierran sus puertas para reinstalarse en otros países, usando más tecnología y contratando mano de obra más barata. En este contexto, la educación financiera resultará imprescindible para protegerse y sacar provecho de las nuevas oportunidades. Quien no se prepare para moverse en este nuevo escenario quedará excluido. No será sencillo ya conseguir un empleo o generar negocios si no se dominan mejores herramientas. Las inversiones, con crecientes restricciones fiscales y políticas, serán cada día más complejas. Por eso todos, sin perder más tiempo, necesitamos abandonar nuestra zona de confort, planear nuestro futuro deseado y ejecutar una estrategia para alcanzarlo.

CAPÍTULO 4

LA PLANIFICACIÓN FINANCIERA

Si pudiéramos saber primero dónde estamos (diagnóstico) y hacia dónde vamos (visión, dirección de desarrollo), podríamos juzgar mejor qué hacer y cómo hacerlo (plan operativo).

Abraham Lincoln

En cualquier profesión, ser exitosos no nos asegura un éxito económico prolongado. Debe contarse también con una cultura financiera y una planificación estratégica acorde con los objetivos individuales y familiares. Algo que Gabriel –aquel arquitecto que sufrió un accidente y dejó a su familia desprotegida– no consideró. Entonces, ¿por qué no tomar conciencia de que la planificación financiera es la plataforma de lanzamiento para alcanzar lo que deseamos y evitar que nuestros sueños naufraguen ante los imprevistos del destino?

El objetivo de la planificación financiera

¿Para qué planificar? Para garantizar que, ante cualquier evento, las metas económicas y financieras se cumplan.

Como ya les he contado, en los últimos años se incrementó la expectativa de vida. Si todo sale bien, viviremos muchos años, tal cual pronostica este cuadro:

	Año 1900	Año 1996	Año 2020
Hombres	49 años	72 años	85 años
Mujeres	52 años	78 años	90 años

Esperanza de vida según año y sexo

¿En qué consiste elaborar un plan? Según la Real Academia Española, la planificación es un proceso metódico diseñado para obtener un objetivo. En un sentido general, implica uno o varios objetivos, más las acciones requeridas para alcanzarlos.

Elaborar un plan requiere pensar cuáles son las necesidades a cubrir y los objetivos a alcanzar, planear la estrategia adecuada, implementar las acciones necesarias y monitorear los indicadores del grado de avance.

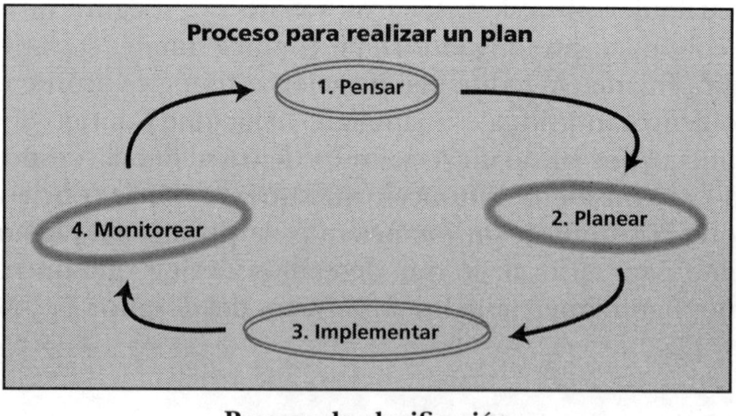

Proceso de planificación

La herramienta capaz de establecer los objetivos personales y lograr que las finanzas los cumplan es el *plan finan-*

ciero integral (PFI). Un proceso lógico que ordena los objetivos y los pasos para lograrlos. Una guía flexible, que debe ajustarse a medida que cambia la realidad.

Un plan financiero personal o familiar es un documento que responde a cinco preguntas clave.

1. ¿Cuál es mi situación actual? Para responder, deben relevarse ingresos, egresos, activos, pasivos, seguros contratados, situación impositiva, titularidad y jurisdicción de los bienes e inversiones.
2. ¿Cómo me veo en cinco, diez y veinte años? Esto permite establecer los objetivos de corto, mediano y largo plazo.
3. ¿Cuál será la mejor estrategia para llegar a donde quiero? Supone identificar las acciones necesarias para el cumplimiento de los objetivos. Es la tarea más engorrosa de todo el proceso.
4. ¿Qué tengo que hacer? Esto no es otra cosa que la implementación del plan. Un plan es solo una intención si no se lleva a cabo. Hay que pasar del dicho al hecho. A partir de acá, todo lo que hagamos debe estar alineado con los objetivos finales. De lo contrario, esa acción no tendrá sentido.
5. ¿Cómo evalúo el cumplimiento del plan? El plan debe ser monitoreado. Establecer una agenda y fechas para controlar el avance de la implementación y, si fuera necesario, rediseñar la estrategia. El control es clave.

Al elaborar un plan financiero, se deben armar módulos de cálculos y proyecciones. Los módulos sugeridos son los siguientes:

MÓDULOS

- PRESUPUESTO DE INGRESOS Y EGRESOS
- ESTADO PATRIMONIAL
- PLAN DE PROTECCIÓN FAMILIAR Y DE LA RENTA
- PLAN DE JUBILACIÓN, RETIRO O PENSIÓN
- PLAN IMPOSITIVO
- PLAN SUCESORIO O DE HERENCIA
- PLAN DE CARTERA DE INVERSIONES

Este esquema nos da una orientación para el análisis sistémico, que representa una base conceptual asombrosamente simple: consiste solamente en ser capaces de contemplar el bosque desde cierta altura, renunciando al detalle de ver el árbol de enfrente. De ese modo, lograremos una aproximación a la realidad que tenemos ante nosotros. En el análisis sistémico vemos al individuo desde la problemática global. Si no pensamos así, invertir sería un hecho deliberado y hasta caprichoso.

Capacitarse, adquirir un método y establecer metas de largo plazo ayudan a superar la insatisfacción, esa que se da cuando soñamos sin planificar, y que deriva en una frustración.

El peor enemigo de las inversiones es la *inercia.* No sigas haciendo las cosas de una misma forma, tan solo porque siempre se hicieron así. No te detengas en la búsqueda de nuevas herramientas, son ellas las que te ayudarán en el camino hacia la búsqueda de la excelencia.

Sigamos juntos en este camino de *InvertArte.* Te invito ahora a seguir conociéndote.

CAPÍTULO 5

ETAPAS VITALES Y PLANIFICACIÓN FINANCIERA

Tan solo hay tres grupos de personas: los que hacen que las cosas pasen, los que miran las cosas que pasan y los que preguntan qué pasó.

Nicholas Murray Butler

Debemos encarar una planificación financiera global, que abarque todas las etapas de la vida. Y cada etapa está relacionada con edades y situaciones posibles, que deben ser analizadas en detalle. Desde el punto de vista financiero, existen distintas necesidades: hacer un viaje, la compra o el alquiler de la primera vivienda, la educación propia o de nuestros hijos, las coberturas destinadas a prevenir riesgos, la jubilación... Veamos el siguiente cuadro, con el objetivo de encuadrar el tema:

	Etapa I	Etapa II	Etapa III	Etapa IV
Edad de quien planifica	0 a 18	19 a 39	40 a 54	55 a 70/85
Edad de los hijos	—	0 a 20	21 a 29	30 a 45/60
Años de trabajo	—	0 a 20	21 a 29	30 a 40

Etapas vitales para la planificación financiera

Como dice Spencer Johnson, autor del famosísimo *Quién se ha llevado mi queso*, "lo único que no cambia es que todo cambia". Durante los últimos cien años, la expectativa de vida se ha incrementado más del 60%, debido a los avances en el tratamiento de enfermedades cardíacas y en el diagnóstico precoz del cáncer. Pero así como la expectativa de vida se prolonga, en el otro extremo, la edad en que comenzamos a tener necesidades financieras se vuelve cada vez más temprana. Por eso, personas que ingresaban al mercado laboral y financiero recién al finalizar sus estudios profesionales (alrededor de los 25) hoy lo hacen a los 18, en el mejor de los casos, en simultáneo con el ingreso a la universidad.

A continuación vamos a analizar las necesidades financieras asociadas a cada etapa vital de una persona que tuvo acceso a una educación adecuada y que, gracias a un esfuerzo personal, ha podido cubrir sus necesidades y hasta disfrutar de una calidad de vida por encima del promedio.

Primera etapa, hasta los 18 años

Características

En esta primera etapa, el niño o joven depende de sus padres. Durante los últimos años de esta etapa, algunos jóvenes se inician en la vida laboral para obtener algún ingreso en los tiempos libres, por lo general destinados a solventar gastos personales. El activo más importante en esta etapa es la educación, cuyo costo es cubierto por los padres. No existen necesidades financieras propias salvo que la vida nos haya expuesto a alguna desgracia o situación excepcional.

Los menores de 18 años son sujetos exentos de impuestos, sin bienes que proteger o asegurar, y sin personas que dependan económicamente de ellos, salvo en situaciones especiales (como estar emancipados o ser padres muy jóvenes).

¿Cómo actuar financieramente durante esta etapa?

Se trata principalmente de disfrutar la adolescencia, años de pocas responsabilidades que no volverán, y concentrarse en los estudios.

Hasta los 18 años, es importante el trabajo de los padres, quienes tienen la responsabilidad no solo de la manutención de sus hijos sino también de inculcar en ellos la importancia de cuidar el dinero, del ahorro, y del sacrificio que demanda forjarse una seguridad económica. Ellos deben enseñarles que tendrán que ganarse las cosas y deberán prepararse para eso. Algo que será más común de la próxima etapa en adelante, tanto en las inversiones como en la vida misma.

Segunda etapa, desde los 19 a los 39 años

Características

Por lo general, los dos conceptos de gasto principales en esta etapa son la educación superior y las actividades de placer. Durante estos años aparecen las primeras grandes responsabilidades, asociadas con la progresiva independización económica de los padres. Por ejemplo, el acceso a una vivienda propia (comprada o alquilada, compartida o no con otros), la vida en pareja y/o la creación de una familia, la compra de un vehículo...

¿Cómo actuar financieramente durante esta etapa?

Es el momento de adoptar las primeras conductas vinculadas al ahorro para una futura inversión. Los medios más comunes son el ahorro en moneda extranjera (en algunos países, restringido por las disposiciones legales vigentes) o la participación en *fondos comunes de inversión* (FCI). Resulta también conveniente adquirir algún producto de inversión con capitalización, como seguros de retiro, ya que al contar con muchos años por delante, nuestro nuevo aliado, el *interés compuesto,* nos dará grandes satisfacciones en el largo plazo.

Muchas personas piensan en la vivienda como la primera opción de inversión. Sin embargo, esto debe evaluarse a la luz de cada mercado y la posibilidad real de tomar un préstamo. Es clave equilibrar la relación "cuota del préstamo/pago de alquiler". De lo contrario, esta inversión puede frenar nuestro plan financiero para siempre. En la Argentina de hoy, por ejemplo, el valor de los alquileres es muy menor al monto de la cuota de un crédito hipotecario que permita acceder a una vivienda de comodidades equivalentes. Así que hoy conviene alquilar. En Chile, en cambio, muchos compran su departamento con un crédito hipotecario y pagan la cuota del préstamo con un monto equivalente al costo de un alquiler.

En esta etapa de la vida, los más jóvenes deberían procurar que las primeras grandes inversiones estén volcadas a bienes o inversiones que generen una renta. Debe buscarse reproducir el capital. Pero hay que ser cuidadosos: si la primera gran inmovilización de dinero fuera la compra de una vivienda para uso personal, esta inversión no generará renta y hasta podría exigir volcar gran parte de nuestros ingresos al pago de la hipoteca, refacciones o mejoras. Y el dinero destinado al ahorro o inversiones rentables será seguramente poco o nada.

¿Mis recomendaciones para esta etapa? Mantener una gran parte del ahorro con alto grado de liquidez, que actúe como fondo de resguardo por un monto equivalente a seis meses de nuestros ingresos corrientes promedio. También es importante contar con cobertura médica y seguro por invalidez. Una mala cobertura puede traer sucesos devastadores en una etapa en la que ese patrimonio inicial debe estar bien resguardado, ya que actúa como motor para lo que será la vida financiera de aquí en adelante.

Durante esta segunda etapa de la vida, los ingresos crecen y los gastos también. Aun cuando se trate de una pareja en la que ambos miembros generen ingresos y esto estimule el deseo de emprender proyectos vinculados con el placer (por ejemplo, viajar), resulta de gran importancia estratégica cuidar que esas erogaciones no impidan incrementar las inversiones. Siempre, aunque sea un 10% del ingreso, conviene pensar en invertir.

Como enuncié anteriormente, en esta etapa se conoce la magia del interés compuesto, por lo que se empiezan a observar conductas de inversión destinadas a obtener una renta por colocaciones, más aún cuando –acertadamente– se comienza a pensar en un seguro de retiro: cuanto antes lo hagamos, más suave será la pendiente a escalar.

¿A qué nos referimos al hablar de *interés compuesto*? Sencillamente a que, período a período, el interés se aplica sobre nuestro capital más los intereses generados hasta ese momento, o sea, interés sobre interés. Esto replica un efecto multiplicador sobre nuestro dinero. Supongamos que podemos ahorrar 6.000 dólares al año, durante 10 años, sin invertirlos. A los 10 años contaríamos con 60.000 dólares de ahorros. Ahora bien, ¿qué sucedería si luego de ahorrar esos 6.000 dólares los invierto sistemáticamente año tras año a una tasa del 10% anual, capitalizando los intereses?

Como se ve en la tabla de la página siguiente, el incremento en 10 años sería del 75% de mi patrimonio (105.187 dólares de capital más intereses) comparado con la opción de ahorrar sin invertir (60.000 dólares). Esa es la *magia del interés compuesto.*

La inversión en educación debe mantenerse. Posgrados o cualquier actividad de capacitación mejorarán nuestra educación financiera y nos harán más valiosos en nuestras profesiones y oficios.

Entre los 19 y los 39, es el momento ideal para incluir en nuestra cartera inversiones de crecimiento agresivo que puedan generar rendimientos elevados. Desde luego, nunca debe dedicarse a estas inversiones el total del dinero disponible sino una partida que no nos afecte demasiado resignar o perder: recordemos que, en esta etapa, si uno pierde tiene por delante tiempo para recuperarse.

AÑO N°	1	2	3	4	5	6	7	8	9	10
Ahorro anual (en U$S)	6.000,00	6.000,00	6.000,00	6.000,00	6.000,00	6.000,00	6.000,00	6.000,00	6.000,00	6.000,00
Ahorro acumulado (en U$S)	–	6.600,00	13.860,00	21.846,00	30.630,60	40.293,66	50.923,03	62.615,33	75.476,86	89.624,55
Tasa anual de interés	10%	10%	10%	10%	10%	10%	10%	10%	10%	10%
Capital más interés (en U$S)	6.600,00	13.860,00	21.846,00	30.630,60	40.293,66	50.923,03	62.615,33	75.476,86	89.624,55	**105.187,00**
Capital ahorrado sin invertir (en U$S)										**60.000,00**
Diferencia (en U$S)										**45.187,00**
Incremento en 10 años										**75%**

Tercera etapa, desde los 40 a los 54 años

Características

Si todo salió bien, llegamos a la cima de nuestra carrera profesional y alcanzamos la plenitud de nuestra vida social o familiar. Incluso, tal vez tengamos hijos que se encuentren en la segunda etapa descripta. Desempeñamos un puesto jerárquico o lideramos un negocio propio exitoso. En el mejor escenario, contamos con varios activos que nos reportan ingresos adicionales no relacionados al valor hora (las llamadas rentas pasivas, aquellas que provienen de nuestros bienes y no del valor hora de nuestro trabajo personal remunerado).

Si bien el ingreso proveniente de nuestra actividad profesional tiende a declinar hacia el final de esta etapa, su proporción respecto de los gastos se mantendrá positiva debido al incremento de la renta percibida por nuestros activos y la disminución progresiva de los gastos relacionados con la manutención de los hijos.

Si se siguió una política temprana de ahorro de largo plazo, finalizaremos esta etapa pudiendo aspirar a un retiro con una renta equivalente al 80% del ingreso obtenido en la vida laboral activa. Este resultado sería excelente, ya que el promedio de la población se retira percibiendo menos del 35% del último ingreso.

¿Cómo actuar financieramente durante esta etapa?

Estos son los años en que se concluye la adquisición de los activos esenciales para dar paso a la compra de bienes destinados al disfrute personal. Es conveniente mantener todas las pólizas adquiridas. Para quienes tengan un negocio o empresa, es importante organizar la sucesión, ya sea mediante la traslación del mando a un familiar o la venta de la firma.

En esta etapa, las inversiones marchan solas. Hacia el final, la composición de la cartera podría comenzar a incrementar el porcentaje de activos conservadores.

Cuarta etapa, desde los 55 años hasta que Dios disponga

Características

Durante los primeros años de esta etapa, quien haya sabido planificar sus finanzas personales estará en una situación óptima para actuar como si estuviera jubilado aunque no haya alcanzado la edad requerida por la legislación. Si la salud lo permite, disfrutará de todos los placeres posibles y podrá elegir con qué, con quiénes y en qué horarios trabajar. Algunas personas, por ejemplo, deciden dedicarse solamente a la administración de su patrimonio.

Mientras las inversiones siguen su marcha, se acerca el momento de empezar a evaluar cómo distribuir la renta durante el retiro. Como la adquisición de bienes ya está definida para mantener la calidad de vida durante los próximos años, se busca más que activos: se procura obtener bienes tangibles e intangibles para complacer el espíritu.

¿Cómo actuar financieramente durante esta etapa?

Una opción es desprenderse de los bienes innecesarios para el uso personal y reinvertir ese dinero en colocaciones que generen rentas. Por ejemplo, vender la casa familiar donde se criaron varios hijos para mudarse a una confortable pero más pequeña, ajustada a las nuevas necesidades familiares. Con eso, aparece el concepto de *senior living*, donde la gente vende su gran propiedad y recurre a condominios más pequeños pero con todas las actividades necesarias para el esparcimiento. De este modo, la diferencia de dinero producida por la venta de la casa más grande y la adquisición de una más pequeña puede volcarse también a la inversión en bienes de carácter conservador que generen renta.

Durante esta etapa de la vida, la calidad de nuestro pasar será resultado directo de lo que hayamos hecho en las anteriores, en especial, en lo relacionado con el cuidado de la salud y los seguros correspondientes, encargados de cubrir los mayores gastos médicos. En cuanto a los seguros de vida, lo habitual es que tengan como único beneficiario a la pareja del asegurado (los hijos, en caso de haberlos, podrían recibir oportunamente parte de ese dinero como herencia).

Es importante en esta etapa no entregarnos al consumismo. Una buena idea es destinar parte de las rentas percibidas a un plan de ahorro para solventar la universidad de los nietos: así, aunque tal vez ya no estemos, nuestros nietos podrían recordarnos como abuelos visionarios que pensamos en su educación.

Este es el momento de disfrutar del sacrificio realizado. Después de tantos años de trabajo y, principalmente, de inteligencia financiera, nos lo hemos ganado.

PARTE II

PREPARARSE Y PROTEGERSE

La música y la improvisación van de la mano, sobre todo en estilos tan distintivos como el jazz. Allí no solo improvisa el solista, también lo hace el acompañamiento, que por momentos repite en eco sus ideas, y por momentos propone ideas armónicas para que sean recogidas por el solista. Ninguno tiene escrito ni previsto lo que están empleando para acompañar al solista.

La música es un arte. Y también es un arte el manejo de las finanzas y las inversiones. Y ese es el corazón de este libro. Es cierto, este universo que administra dinero es más material, pero aquí la gente también improvisa. Demasiado para mi gusto. Y no tienen en cuenta algo importantísimo: el músico de jazz improvisa pero sobre reglas, sobre conocimientos, y se alimenta de notas musicales y escalas que conoce a la perfección. En cambio, muchos inversores improvisan a ciegas. Ellos no saben algo esencial de todo arte: para romper las reglas, hay que conocerlas.

Te invito a que, así como los músicos de jazz, improvises en tus inversiones sobre las bases del conocimiento.

CAPÍTULO 6

EL FUTURO DE LA CLASE MEDIA

La región va por buen camino y, si persevera en él, combate la insidiosa corrupción y sigue integrándose al mundo, América Latina dejará por fin de ser el continente del futuro y pasará a serlo del presente.

Mario Vargas Llosa

Según un informe elaborado en la Argentina por el Banco Santander, entre 2001 y 2010, en siete economías de la región (Argentina, Brasil, Chile, Colombia, México, Perú y Uruguay) la clase media se incrementó de 174 a 242 millones de ciudadanos, mientras los pobres se redujeron de 166 a 139 millones. De continuar la tendencia, en 2020, tres de cada cuatro hogares pertenecerán a la clase media. Un aumento de siete puntos respecto de 2011[1].

¿Quiénes pueden considerarse miembros de la clase media? Homi Kharas, miembro *senior* y director adjunto del programa *The Global Economy and Development*, en un estudio realizado en 2010 para la Organización para la Cooperación y el Desarrollo Económico (OCDE), define a la clase

1. Moreno, Luis Alberto: *La década de América Latina y el Caribe, una oportunidad real.* Banco Interamericano de Desarrollo, Washington, D.C., 2011.

media como aquellos hogares cuyos integrantes tienen gastos diarios que oscilan entre 10 y 100 dólares, monto que se ajusta según el poder de compra que ese dinero tenga en el país del que se trate.

El fortalecimiento de los patrimonios familiares en América Latina constituye un dato alentador en la lucha contra la pobreza. De hecho, en esta década las naciones latinoamericanas –junto a Asia– están entre las más prósperas del mundo. Esto trae, como resultado, el incremento del ingreso anual per cápita.

Más dinero, más educación financiera

La gente tendrá más dinero, pero ¿tiene la educación suficiente como para no perderlo?

En muchos países de nuestra región se observa una realidad inquietante: la vulnerabilidad de esta creciente clase media. En los países latinoamericanos con mayor desarrollo económico, ha surgido de la crisis una nueva realidad: la aparición de víctimas de la hiperinflación, los desórdenes cambiarios y la contracción en el PBI. Un sector llamado los "nuevos pobres".

Y este próspero escenario para la región nos trae también el compromiso de prepararnos para no desaprovechar las oportunidades que se nos presenten. Pero también para sortear esta clase de obstáculos:

- Mayor presión tributaria internacional.
- Inestabilidad económica y abruptos cambios de reglas.
- Mayor control informático regional y desaparición del secreto bancario.
- Caída o desaparición de los sistemas de salud y pensión privados.

- Mayor expectativa de vida y, por ende, mayor necesidad de generar activos propios en la etapa activa.
- Mayores y más drásticas crisis financieras globalizadas.

La clase media y la clase media-alta (que se ubica en el primer peldaño de la pirámide de la riqueza) son las más vulnerables a los cambios. Por eso, las variaciones en las economías de nuestro continente son una constante preocupación porque pueden expulsarlas de este círculo de privilegio. ¿Cuáles son sus mayores amenazas?

- El desempleo.
- La inflación.
- Las malas inversiones.
- La descapitalización.
- La imprevisión para el retiro.
- La falta de educación financiera.

Hoy, la diferencia entre ricos y pobres se hace más notoria y, lo que es peor aún, *no hay ningún indicio de que la desaparición de la clase media sea reversible.* Por el contrario, el incremento de los nuevos pobres parece una tendencia que llegó para quedarse.

Nuevos escenarios, grandes desafíos

Los nuevos pobres son aquellas personas que nunca antes fueron pobres. Poseen características educacionales, sociales o culturales propias de la clase media, pero, al caer sus ingresos, no pueden seguir accediendo a los bienes y servicios con la calidad acostumbrada, en materia de vivienda, salud, educación, cultura.

La cobertura médica, por ejemplo, se ha convertido en un nuevo gran desafío. Los avances científicos y tecnológicos han incrementado sensiblemente la expectativa de vida y la calidad con que esa mayor cantidad de años puede vivirse. Esto es una excelente noticia. Sin embargo, ¿cómo generar activos suficientes para cubrir este período posterior al retiro o la jubilación, que puede extenderse por un número de años casi similar a los de la vida laboral? Los costos –en todo el mundo, cada vez mayores– de las prestaciones médicas asociadas a esa extensión de la esperanza de vida son trasladados a los usuarios de los sistemas de salud privados como aumentos de las cuotas mensuales o como reducción del número o la calidad de prestaciones incluidas.

A los individuos que poseen más de diez millones de dólares (sector de la pirámide de la riqueza de entre 10 y 50 millones de dólares) no les preocupa el costo de la medicina porque pueden acceder a ella sin que eso afecte demasiado o ponga en riesgo su patrimonio. Para quienes poseen un patrimonio de entre 300 mil y un millón de dólares, una "catástrofe médica" sin la debida cobertura o reservas financieras tendrá como consecuencia la pérdida parcial o total de su patrimonio. Por fin, quienes tengan un patrimonio inferior a los 300.000 dólares y no cuenten con un seguro médico adecuado –el que prevé obligatoriamente la ley o el que decide contratar–, seguramente, ante un problema grave, no podrán atender sus necesidades de salud o lo harán sin acceder a la mejor solución disponible, poniendo así en juego la propia vida.

La gente suele pensar que una desgracia nunca va a sucederle. Sin embargo, tomar previsiones no significa ser negativo: es tener la educación financiera necesaria para asumir que debemos estar preparados para afrontar, incluso, eventos extraordinarios. De este modo, estaremos trabajando para que, si un evento desafortunado se presenta, no se convierta, además, en una catástrofe económica.

Otro tema clave es la educación. El acceso a una educación de calidad permitirá obtener ingresos más altos. Como en los servicios de salud, el incremento de los servicios educativos se ubica muy por encima del aumento de los precios en general. ¿Qué implicancias tiene esto? El aumento es tan desparejo que no se soluciona con paritarias ni ajustes salariales. La buena noticia es que, contando con una adecuada educación financiera, podemos adelantarnos a esta situación y solucionarla mediante una correcta planificación.

La capacitación nos hace más valiosos, lo que implica aumentar nuestro flujo de ingresos futuros.

CAPÍTULO 7

CONOCE A TUS ADVERSARIOS EXTERNOS

Me quiero ir…

Hernán Lorenzino (quien era por entonces el ministro de Economía argentino, ante la pregunta de una periodista griega sobre la inflación real del país.)

Vivimos en una época en que los países emiten moneda por millones sin respaldo en oro. Desde que en 1971 el presidente norteamericano Richard Nixon determinó que su país podía imprimir dinero sin seguir el patrón oro, los Estados Unidos se transformaron en la mayor, por así decir, imprenta del mundo. Se trata de "plata ficticia", sin mayor respaldo que la propia confianza del mundo en este país. Es gracioso: aunque siempre sostuve que, como el dinero era algo ficticio, había que aprovechar y endeudarse, hoy, ante la magnitud de la emisión de deuda, me río para no llorar.

Como profesional, creo en las deudas positivas, es decir, en aquellas que se toman para apalancarse productivamente y adquirir bienes que generen flujos de fondos. Pero no estoy a favor de las deudas generadas por los gobiernos ya que, por lo general, se adquieren para tapar la inoperancia o la falta de educación financiera (o de escrúpulos) de los líderes, financiar el gasto público abultado y/o corrupto, o propiciar guerras. Esta clase de emisión descontrolada genera tasas de interés bajísimas para los ahorristas o –a causa de la inflación– tasas reales negativas, como viene sucediendo en la Argentina y Venezuela durante los últimos años. Como pasa habitualmente, en este terreno los justos pagan también por pecadores. La economía mundial castiga a los ahorristas y premia a los deudores.

La falta de educación financiera hace que, ante la palabra crisis, una sociedad entera se paralice. Es una lástima: cualquiera con una mínima formación en finanzas sabe hoy que las economías en crisis como las actuales –y las futuras– constituyen la mejor circunstancia para aprovechar oportunidades y crecer. ¿Cómo? Primero conociendo a nuestros adversarios. Así evitamos que nos sorprendan. Solo hay que estar preparados.

Primer adversario externo: la inflación

De esto, los argentinos sabemos bastante: en nuestro país, la hiperinflación de 1989 significó un desmedido aumento de precios, que acabó en la renuncia del presidente Raúl Alfonsín. La hiperinflación devoró salarios, generó revueltas y saqueos y provocó un récord histórico de 47,3% de pobres en octubre del mismo año. Mientras la inflación, según índices oficiales, trepaba al 3.079,5 por ciento anual.

¿Qué es la inflación?

Según la definición del Banco Mundial, la inflación refleja la variación porcentual anual en el costo para el consumidor de adquirir una canasta de bienes y servicios que puede ser fija o variable, a intervalos determinados, por ejemplo anualmente. Por lo general se utiliza la fórmula de Laspeyres.

Dicho más amenamente, la inflación es el incremento general en el nivel de precios de la economía, y está fuertemente relacionada con la cantidad de dinero circulante, la emisión monetaria, la capacidad de producción de la economía, el desempleo y las variaciones del tipo de cambio. Se traduce en la pérdida de poder adquisitivo de la moneda nacional. A medida que pasa el tiempo, con el mismo dinero puedo adquirir menos bienes, como se muestra en el siguiente gráfico:

EL IMPACTO DE LA INFLACIÓN

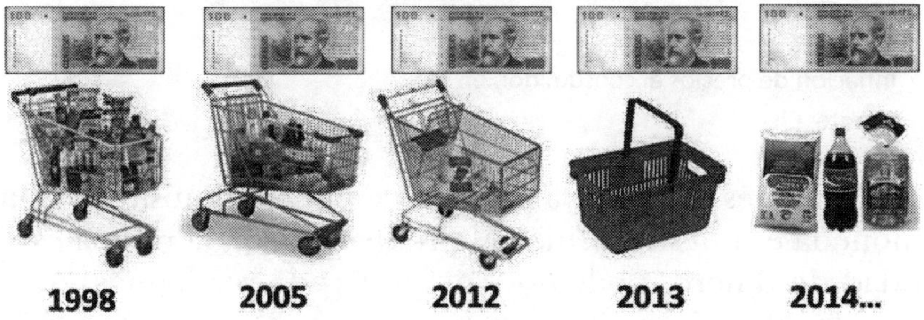

En el año 2014, Argentina, mi querido país futbolero, tuvo la desgracia de perder la final de la Copa del Mundo a manos de Alemania. También Venezuela le quitó el primer puesto, pero esta vez en el ranking de inflación mundial. La inflación es una problemática que, en América Latina, sufren exclusivamente estos dos países, y el daño que genera a los que menos tienen es importantísimo. En el siguiente gráfico veremos el ranking mundial de la triste disciplina inflacionaria.

Países del mundo con más alta inflación

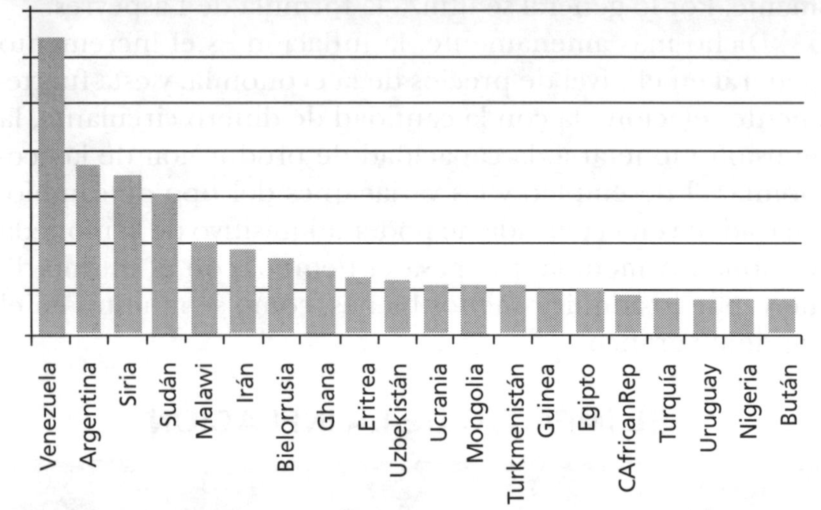

Inflación de precios al consumidor, en %.
Fuente: EIU

Como les contaba, la pérdida de poder adquisitivo de la moneda es nuestro principal problema. Con la misma cantidad de dinero, podemos comprar cada vez menos. Además, la inflación no impacta de igual modo en la economía de todos. Por ejemplo, no es lo mismo para un ejecutivo de mediana edad que para un jubilado. Para estos últimos, lo que más influye puede ser el precio de los medicamentos –así que, en cada caso, habría que analizar si aumentan más los costos que la inflación–.

Otro problema a tener en cuenta: ¿mi inversión es más rentable que la caída de la moneda, producto de la inflación? Cuando la tasa de interés es menor a la inflación, en términos reales, hemos perdido dinero.

> *"La inflación trae incertidumbre a la economía y termina matando a la inversión, cuyo principal requisito es la previsibilidad y la posibilidad de pensar a largo plazo."* (Tomás Bulat)

Segundo adversario externo: el mercado de divisas

En la cultura económica argentina existe una costumbre muy arraigada: calcular el equivalente en dólares estadounidenses de cualquier precio local. Esto es lo que se llama moneda de cuenta: aquella en la que se miden los rendimientos de las inversiones.

Durante las alteraciones bruscas del tipo de cambio, ya sea en el mercado oficial de divisas como en los circuitos informales, quedar desprotegidos puede significar grandes pérdidas patrimoniales o de oportunidades. La gente sigue pensando todo a precio dólar, lo que comienza a complicar también las transacciones en diferentes mercados (por ejemplo el inmobiliario, por el desequilibrio entre la brusca demanda de dólares y su poca oferta, sumado a que quienes tienen dólares, esperando caídas de mercado y futuras oportunidades, no quieren desprenderse de ellos).

Esto trae implícito otro enemigo: *el riesgo de liquidez*. Ya que el inversor probablemente no pueda realizar un bien por la especulación de precios.

> Siempre que hay un tipo de cambio oficial y uno paralelo, más tarde o más temprano, los distintos valores de los dólares convergen en uno solo. A estar atentos.

¿Cómo ganarles a estos dos adversarios?

Buscando inversiones con rendimientos en el largo plazo superiores al aumento de precios dentro de cierto nivel de tolerancia al riesgo. O, si se es comerciante, acopiando mercadería para venderla luego con el aumento correspondiente.

No es una tarea sencilla ganarles a la inflación y a la devaluación. Una manera simple de entender la problemática es pensar en lo que se llama “tasas reales de inversión”.

Las tasas reales pueden ser positivas, cuando gano dinero, o negativas, cuando pierdo capital. Para ejemplificarlo, pensemos en la Argentina de 2013, año en el que la inflación fue de 28,3%. Si tenía mis ahorros en un fondo común de inversión que ganó un 37% neto de comisiones ese año, tuve una tasa real positiva del 9%. Ahora supongamos que durante 2014, cuando la inflación fue de 38,53%, coloqué efectivo a plazo fijo a una tasa del 20%. En este caso habría obtenido una tasa real negativa del 19%, es decir, habría perdido poder de compra. En la siguiente tabla podemos observar el ejemplo comparativo.

PAÍS	**AÑO**	**AÑO**
Argentina	**2013**	**2014**
Inflación	28,30%	38,53%
Tasa de inversión	37%	20%
Tasa real	**9%** **Positiva**	**-19%** **Negativa**

Durante 2013 y 2014, ante la necesidad de ganarle a la inflación, las estrellas fueron los bonos *dollar linked* (en inglés, "enlazados al dólar"). En la Argentina, la administración pública y las empresas privadas vieron la oportunidad de financiarse aprovechando la desesperación de los inversores por cubrir el riesgo de aumento del tipo de cambio. Si bien se invierten pesos y se cobran pesos, la operación permite combatir el riesgo inflacionario ya que contempla la devaluación más una tasa de interés.

Algunas compañías privadas de inversión ofrecen también una herramienta similar al bono *dollar linked* pero en pesos (o en dólares para los inversores que posean divisa estadounidense) con tasas de hasta el 12% anual. En el caso de operar con el sector privado, la recomendación es estudiar bien a las compañías antes de elegirlas, revisando sus antecedentes (antigüedad, historia, accionar) y sus inversiones: recordemos que una mala elección de la compañía puede derivar nada menos que en la pérdida de nuestro capital.

En sus versiones estatal o privada, esta clase de productos representa una muy buena opción de cobertura, ya que, si bien en lo que va de 2015 la tasa de devaluación está cercana al 14% anual, se estima que el incremento del tipo de cambio persistirá a lo largo de los próximos meses e, incluso, se profundizará.

En el primer semestre de 2015, el escenario cambió notoriamente: se desaceleran las tasas de inflación y de devaluación y se estima que las mismas podrán rondar el 26% y el 14%, ambas proyectadas a diciembre de 2015. Esto sumado a que se elevaron las tasas de interés y que se comenzó a generar una nueva alternativa de inversión (con el objetivo de quitar pesos de la plaza interna) denominada Lebacs, que son letras emitidas por el Banco Central, con tasas de interés ubicadas en el orden del 27%, superiores al plazo fijo y a la devaluación del dólar. No importa el instrumento que elijas, solo debes saber que es necesario tomar una cobertura y actuar en consecuencia.

Tercer adversario externo: las políticas económicas

Los gobiernos, al enfrentar presiones políticas, suelen priorizar la estabilidad de corto plazo por sobre la prosperidad de largo plazo. El constante cambio de reglas puede atentar contra la seguridad jurídica, provocando que la gente extreme sus precauciones o busque otras regiones para invertir sus ahorros. Por eso, la tendencia mundial es que los gobiernos anticipen cuáles serán sus pasos a fin de que el sector público y el privado se acompañen a la hora de invertir y crecer.

Este punto es muy importante, sobre todo en la Argentina actual. Durante los últimos años, algunos cambios de rumbo afectaron bruscamente a ahorristas, inversores y empresarios. Entre estos golpes de timón, recordemos los más significativos:

- Transferencia al sistema público de los fondos administrados por las Administradoras de Fondos de Jubilaciones y Pensiones (AFJP); los aportes de dinero realizados de modo voluntario no fueron reconocidos. Muchos aportantes, aunque suene increíble, perdieron sus ahorros.
- Restricción a la compra-venta de moneda extranjera (también llamado cepo cambiario).
- Cierre de las importaciones sin previo aviso o política de sustitución anticipada.
- Imposición a las compañías de seguros para repatriar los fondos de los ahorristas invertidos en el exterior (debilitando el principio de diversificación).
- Desde el 30 de abril de 2013, los Certificados de Depósito Argentinos (CEDEAR) con activos subyacentes de países fuera del Mercosur o Chile ya no pueden considerarse activos locales en las carteras de los fondos comunes de inversión. Deben tener como mínimo un 75% de valores emitidos y negociados en esos países.
- A esto podríamos sumarle las recientes:
  - Ley de pago soberano (por el conflicto con los *holdouts*; implica cambiar unilateralmente las condiciones de un contrato vigente).
  - Ley de abastecimiento. La posibilidad de interceder en las empresas para fijar precios, cantidad de bienes producidos y hasta obligar a realizar stocks.

Estos cambios de rumbo despojan de toda seguridad jurídica a los actores intervinientes. Y, como resultado, muchos de estos optan por derivar sus capitales a otros países.

Otro ejemplo del impacto en las inversiones de las políticas económicas son las expropiaciones en la República Bolivariana de Venezuela. El artículo 115 de la Constitución venezolana garantiza el derecho a la propiedad y señala que "solo por causa de utilidad pública o interés social, mediante sentencia firme y pago oportuno de justa indemnización, podrá ser declarada la expropiación de cualquier clase de bienes". Sin embargo, entre 2005 y 2010, el Estado venezolano expropió 285 edificaciones, viviendas, desarrollos habitacionales y estacionamientos. En 2011, esa cifra fue de 179. El Observatorio de los Derechos de Propiedad Privada estima que se ha pagado una indemnización solo en el 5% de los casos. En 2010 se expropiaron más de 3 millones de hectáreas sin indemnización, ya que el gobierno, liderado entonces por el presidente Hugo Chávez, partía de la premisa de que la Nación nunca se había desprendido de esas tierras. Sin dudas, se trata de un tema complejo, pero el caso permite ilustrar cómo las políticas pueden afectar los patrimonios individuales o de las empresas.

¿Cómo resistir a los embates de las políticas económicas? Una gran pregunta, aún sin respuesta. Una vieja broma argentina dice que, ante los problemas del país, la salida es… el aeropuerto. Una alternativa a esta posibilidad es transformarse en "el Maradona de las crisis", una persona que –como el crack de fútbol– esquive a sus oponentes con gracia, picardía y talento.

"El Maradona de las crisis" es un argentino típico, acostumbrado a la falta de planificación de largo plazo que caracterizó históricamente a cada gobierno de turno. En materia económica, las múltiples decisiones adoptadas como parches parciales nos han convertido en individuos con una enorme flexibilidad, una extraordinaria cintura para esquivar resoluciones, decretos y medidas sin quebrarnos patrimonial o emocionalmente. Lo más asombroso de la "especie" del "Maradona de las crisis" es que hoy en día parece dormida. Y sin capacidad de reaccionar ante la falta de sentido común de muchas decisiones.

De inflación y políticas económicas: soluciones encontradas en la región

La inflación en Colombia en 1990 llegó a 32,37%, muy cerca del registro histórico de 1963, cuando alcanzó el 32,41%. Pero es muy notable cómo a partir de ese año la inflación comenzó a experimentar un proceso de descenso muy estable, facilitado por un conjunto de políticas y decisiones tomadas a favor del poder adquisitivo de la moneda. El presidente César Gaviria buscó implementar un plan económico que consistía en tres puntos básicos: aplicación de reformas económicas estructurales con un proceso de apertura económica, transparencia en las relaciones internacionales y lucha contra la inflación. Consecuentemente, se tomaron algunas medidas centrales:

- Liberación de importaciones.
- Reducción del ritmo de devaluación (en 1990 era del 28%; en el primer semestre de 1991 fue de 22%, en 1992 de 16,8% y en 1993 del 9%).
- Disminución de los aranceles aduaneros.
- Independencia del Banco de la República y de la política monetaria, y prohibición al Banco de la República de financiar el déficit fiscal del gobierno.

Estas medidas tuvieron un impacto directo sobre el precio de los bienes importados, al disminuir sus costos, y por lo tanto sobre los precios en general. De esta manera, la inflación pasó de 32,37% en 1990 a 26,8% en 1991, y a 22,6% en 1993, bajando considerablemente sus niveles con un plan estable, hasta llegar a los niveles actuales, donde por ejemplo en 2014 se registró un 3,66% anual.

Toda una lección: gracias al caso de Colombia, se puede pensar en coordinar herramientas macroeconómicas como el tipo de cambio, las reservas internacionales, los tipos de interés y la política de comercio exterior, con el fin de lograr que los precios aumenten de forma coherente con el crecimiento de la economía. Y ejercer un control sobre las expectativas para evitar problemas inflacionarios que causan dolores de cabeza a todos los agentes económicos, sin olvidar el empleo, la educación y la salud, ya que en muchas ocasiones afectan el comportamiento de los precios.

En esos años, en el control de la inflación de Colombia, un factor decisivo fue la definición de la autonomía del Banco de la República y su responsabilidad por mantener el poder adquisitivo, establecida en la Constitución de 1991, y la prohibición de que el Banco financie el déficit fiscal del gobierno.

Pasaron 25 años y Argentina repite una situación similar a la señalada en la Colombia de principios de los '90. Pero en nuestra radiografía, no liberamos las importaciones ni incentivamos las exportaciones, despojamos al Banco Central de su autonomía, utilizándolo para financiar, con emisión monetaria, un gasto público que está en sus máximos históricos y ronda a esta altura casi el 5% del PBI.

A veces es bueno mirar atrás y aprender de las soluciones que otros aplicaron para resolver los problemas en cuestión y no tropezar con la misma piedra.

CAPÍTULO 8

CONOCE A TUS ADVERSARIOS INTERNOS

Solamente los que se arriesgan a llegar demasiado lejos son los que descubren hasta dónde pueden llegar.

T. S. Eliot

Tus cinco adversarios internos

Ahora que hemos visto cómo el entorno puede afectarnos, veamos las cinco formas en que podemos transformarnos en nuestros propios enemigos.

Primer adversario interno: el consumo voraz

Es el principal enemigo, y consiste en no acostumbrarnos a ahorrar desde una edad temprana. Si somos capaces de comprar hasta lo que no necesitamos, eso es signo de que estamos en problemas.

¿Cómo ganarle al consumo voraz? Hay varias formas eficaces de contrarrestar nuestra incapacidad para el ahorro. Por ejemplo, uno puede ahorrar previamente a recibir su sueldo mediante un "débito automático mensual" de su cuenta bancaria o su tarjeta de crédito. La alternativa es invertir en un seguro de retiro o producto de inversión de largo plazo. De esta manera, el dinero que recibe este comprador compulsivo llega "neto de ahorro", mitigando de esta forma el riesgo de sufrir el principal de los males: la falta de ahorro, que invalidaría cualquier posibilidad de inversión futura.

Segundo adversario interno: la fantasía de ser millonario

Según el informe sobre la riqueza en el mundo del año 2014, elaborado por Capgemini and RBC Wealth Management, América Latina concentra el mayor porcentaje de individuos de muy alto patrimonio de todo el mundo: 32,9%. El estudio brinda una interesante clasificación de los millonarios:

- Millonarios comunes (individuos que poseen una riqueza susceptible de inversión de entre uno y cinco millones de dólares).
- Millonarios de nivel medio (entre cinco y treinta millones de dólares).
- Individuos con muy alto patrimonio (más de treinta millones de dólares).

Estas realidades, ajenas a la mayoría de los seres humanos, tienen consecuencias muchas veces negativas. Alimentan en las personas la fantasía de realizar el gran negocio de sus vidas y vivir, por siempre, sin trabajar. Semejantes sueños nos hacen olvidar el conjunto de pequeñas y grandes cosas que anteceden su concreción y generan frustración al no lograr un objetivo, para la mayoría, inalcanzable.

Ahora bien, ¿cómo ganarle a la fantasía de ser millonario? Ante todo, apoyando los pies sobre la tierra. Salvo que pertenezcamos a lo que Warren Buffet bautizó como "el club del espermatozoide afortunado", integrado por personas que heredaron y preservaron la riqueza de sus padres, para construir un patrimonio debemos tener mucha conducta y disposición al sacrificio.

Más allá de la cuantificación monetaria del término *millonario,* cada inversionista inexperto debe trazar un plan financiero integral que le permita construir un patrimonio destinado a inversiones que generen las rentas pasivas (que no exigen trabajo personal) necesarias para cubrir su monto consumido mensual.

Por ejemplo, un inversionista mexicano podría tener como objetivo obtener rentas derivadas de sus inversiones por la suma de 35.000 pesos mexicanos si fuera soltero, 50.000 si estuviera casado o 65.000 si tuviera esposa y dos hijos pequeños. Con las sumas indicadas, cubriría los gastos de alimentación, educación, salud, vestimenta y recreación, brindándose un nivel de vida aceptable, y lograría libertad financiera, es decir, independencia respecto de una renta laboral para cubrir sus necesidades básicas. Pero, para emprender este camino, debe dominarse la fantasía del millonario que aparta con frecuencia a las personas de su objetivo, incluso a aquellas que comenzaron bien y fueron reuniendo un patrimonio generador de rentas. Un error común es comenzar a llevar adelante una vida de gastos irrestrictos o desproporcionados respecto del ingreso que se percibe efectivamente. Las apariencias y/o el deseo de pertenencia a cierto círculo social, cuando no se tienen los recursos económicos necesarios, excluye la posibilidad de construir patrimonio.

Tercer adversario interno: el autoboicot

La gente vive corriendo carreras de cien metros llanos. Pura explosión. Con ese ritmo, se rinden a mitad de carrera. Se autoboicotean. No invierten en capacitación, en hacerse más valiosos, porque no ven la importancia de esto. La vida es un maratón y debemos entrenarnos, primero para soportarlo en toda su extensión y luego –por qué no– para ganarlo.

¿Cómo ganarle al autoboicot? En la era de la información, las inversiones y los negocios serán cada vez más complejos. Hay que estar muy preparados. Algunos piensan que es necesario estudiar una carrera universitaria, o completar un posgrado o un doctorado. Si se tiene el tiempo y el dinero, sin dudas, esas son grandes inversiones. Pero no debemos olvidar que existen también otras herramientas para capacitarse y estar actualizados; por ejemplo, charlas, jornadas y congresos, desayunos de trabajo informativos, cursos de extensión privados o universitarios, y diplomaturas privadas.

Es imprescindible mantenernos actualizados y en contacto con pares. La capacitación no solo nos informa y forma en cuestiones teóricas; además, brinda retroalimentación (*feedback*) muy importante sobre la economía real. También nos integra a ambientes propicios para establecer contactos empresariales y desarrollar nuevas oportunidades de negocios. Estemos atentos.

Cuarto adversario interno: el destino

Este adversario representa la interrupción de la vida laboral, ya sea por despido, un mal negocio, una invalidez o la muerte. Si bien tiene una parte de factor externo, muchas veces se desencadena por aspectos relacionados con nuestro fuero íntimo.

¿Cómo minimizar el efecto del destino? Preparándonos, mediante inversiones líquidas de resguardo o seguros adecuados. En el caso de una familia con hijos pequeños, a cargo económicamente de un trabajador independiente, es fundamental invertir en algo (seguro de vida, salud y renta familiar) que proteja al principal proveedor del hogar ante un accidente, la invalidez o la muerte. Esa protección es uno de los pilares clave de cualquier planificación financiera integral, ya que garantiza el cumplimiento de los objetivos familiares, incluso ante el peor escenario.

Quinto adversario interno: la ausencia de planificación sucesoria

Para empezar, distingamos entre pequeños y grandes patrimonios.

Uno de los principales enemigos de los pequeños patrimonios es la falta de planificación sucesoria. En la Argentina, por ejemplo, los gastos que demanda el trámite sucesorio son muy elevados. Muchas familias pierden gran parte de su capital en tasas, sellados y honorarios profesionales. Como veremos más adelante, existen formas sencillas y al alcance para reducir costos.

Cuando se trata de grandes patrimonios, muchos no sobreviven a la tercera generación porque a los herederos les resulta difícil manejar activos variados al mismo tiempo y en armonía. Grandes diferencias ideológicas generacionales, distintos rasgos de sacrificio entre los integrantes de las familias, o intereses opuestos, atentan contra los negocios comunes y su continuidad.

> Para pasar de ser un inversionista inexperto a uno exitoso, es muy importante dominar las emociones, tener autocontrol y espíritu de sacrificio, sin dejar que las fantasías dominen nuestro accionar.

¿Cómo ganarle a la falta de planificación sucesoria? Se debe *elaborar un plan*, *pensar* cuáles son las necesidades a cubrir y los objetivos a alcanzar; *planear* la estrategia adecuada; *implementar* las acciones; y *monitorear* los indicadores para analizar el grado de avance. La herramienta para establecer los objetivos personales y lograr que las finanzas se adecuen a ellos es el plan financiero, tema del próximo capítulo. Quizás algún lector esté pensando que todo recaudo y cualquier plan son siempre insuficientes. Pero ya lo dice el refrán: *mejor prevenir que curar.*

CAPÍTULO 9

ESTAR O NO ESTAR PROTEGIDOS

La mente es como un paracaídas:
solo funciona cuando está abierta.
Albert Einstein

Un asesor profesional es aquel que logra conectar una necesidad con su solución.

En la Argentina, solo un pequeño porcentaje de la población posee seguro de vida o de retiro. Es preocupante y, sobre todo, difícil de entender si se considera lo poco onerosos que resultan en comparación con los grandes problemas que esos seguros atienden.

Imagine si es el dueño de la gallina de los huevos de oro. Si decide tomar un seguro, ¿qué aseguraría? ¿A la gallina o a sus huevos? Cuando les planteo esta pregunta a mis amigos, todos responden: "¡A la gallina!". Sin embargo, la mayoría no tiene un seguro de vida. Paradójico, ¿no? El sentido común –dicen, el menos común de los sentidos– indica que si nosotros somos la gallina de nuestras economías, deberíamos asegurarnos. No obstante, parece que vivimos una época que no nos invita a detenernos a pensar sobre temas tan importantes como este.

Imaginemos una persona dueña de un auto que vale 180.000 pesos (no importa de qué moneda). Para asegurarlo, abona una prima mensual de 1.600 pesos. En los seguros patrimoniales, la prima es todo costo: no hay reintegro, es todo gasto sin recupero. Esta cuenta suena desalentadora. Pero, ¿qué le pasa a esa persona si le roban su auto y no lo tiene asegurado? Pierde 180.000 pesos. Llora, maldice, se siente pésimo un buen rato, pero puede continuar con su vida. No sería una catástrofe sin solución. De alguna forma, quien pierde un bien, de algún modo, podría recomponerse. Sin embargo, la gran mayoría de la gente asegura su auto y no solo porque la ley lo exija. Pero pocas personas aseguran su capacidad de trabajar o su vida. *¿Cómo es posible que no aseguremos la continuidad de la renta que producimos?* ¿Qué pasa si el sostén de la familia fallece o no puede trabajar por un período prolongado o definitivamente? ¿Calculamos alguna vez a cuánto ascendería esa renta que dejará de producir? Veamos un ejemplo.

Imaginemos un hombre de treinta años, casado y con un hijo de siete. A su hijo le faltan once años para alcanzar la mayoría de edad y completar su educación inicial. La extinción de esa renta, supongamos de 3 mil dólares mensuales, ocasionaría una drástica reducción de la calidad de vida de la familia. Y particularmente para el hijo, ya que en general los niños son los más afectados por los cambios que derivan de esas indeseables situaciones. Ahora bien, ¿cuánto dinero le faltaría al hijo hasta que sea mayor de edad, y a su familia, tomando 3 mil dólares mensuales por once años? Algo así como 396 mil dólares. Si la persona contrajo algunas deudas o estaban alquilando, a la familia le vendría bien que el hombre hubiera dejado, por ejemplo, 90 mil dólares extra para poder arrancar de cero, sin deudas y con casa.

¿Pensamos seriamente alguna vez cuál sería la situación si algo así le sucede a nuestra familia? Un seguro no solo da la posibilidad de beneficiar a quienes nos sobrevivan; podemos incluso contratar una cobertura de renta familiar hasta la mayoría de edad de los hijos equivalente al ingreso mensual que se percibía antes del hipotético siniestro. Es muy importante destacar algo más. Como dijimos, el costo de la póliza de un auto no se recupera: si no hubo siniestro, no se cobra monto alguno. En cambio, en el caso de los seguros de vida o renta familiar, si en 20 años no se produjo el siniestro, una parte de lo pagado se deposita en una cuenta individual que puede rescatarse: esto equivaldría, por ejemplo, a un ahorro de 30.000 dólares estadounidenses en 20 años. Nada mal, ¿no?

En 2012, por cada 100 dólares que se necesitaban para acceder a un buen seguro de vida, las familias venezolanas destinaron a ese fin solamente 10 dólares y las chilenas, 53, sin alcanzar la cobertura ideal.

Valor de rescate en los seguros de vida

El valor de rescate es el importe que recibe el asegurado cuando rescinde el contrato. Se calcula en relación con la cantidad de años de vigencia de la póliza y las primas pagadas con arreglo a planes técnicos. No puede reclamarse hasta los tres años de antigüedad de la póliza ya que, antes de ese tiempo, no se generan los fondos suficientes.

Valor del auto	Costo en seguro	Recupero en 20 años
$ 150.000,00	$ 1.600,00	$ 0,00
Renta a asegurar	**Costo en seguro**	**Recupero en 20 años**
$ 3.960.000,00	$ 1.200	30.000 dólares
Base hombre no fumador de 30 años		
Base U$S 90.000 + renta familiar	**U$S 3.000 mensuales**	**por 11 años**

En suma, podemos evitar la posible catástrofe económica familiar por aproximadamente 1.200 pesos mensuales –mucho menos de lo que se pagaría, en términos de suma asegurada, por la cobertura del auto– y acceder, además, a los 20 años, a un rescate de 30.000 dólares estadounidenses si no se produjera el siniestro.

Si hoy pagamos $1.600 por asegurar $ 150.000 (es decir, el 3,79% de lo que necesita nuestra familia para vivir once años) pero no pensamos en abonar $ 1.200 para asegurar $ 3.960.000, nuestro sentido común está en graves problemas. O quizás estemos con la cabeza en tantas cosas supuestamente importantes que se nos ha pasado por alto contemplar este *detalle.*

CAPÍTULO 10

SEGUROS SOBRE LAS PERSONAS: CÓMO EVITAR CATÁSTROFES FAMILIARES

Nietzsche dice que viviremos la misma vida nuevamente.
¡Dios, tendré que ver de nuevo a mi agente de seguros!

Woody Allen

A los 27 años y con un hijo de 3, mi hermano Germán era de esas tantas personas que no creían en las coberturas. Nada de seguro médico ni de seguro de vida. "Son pavadas", me decía. En abril de 2009, hace poco más de seis años, sufrió un accidente automovilístico. No llevaba puesto su cinturón de seguridad. El impacto le ocasionó serias lesiones neurológicas. Desde entonces, está en coma, en una clínica de rehabilitación gracias a la ayuda del Estado, por ser una persona sin otra cobertura médica.

El mejor instituto de neurociencias de la Argentina presupuestó el tratamiento que Germán requería en 90.000 dólares por trimestre, pagaderos por adelantado. ¿Cómo podría una familia de clase media hacer frente a eso?

> El primer seguro de vida se realizó en Londres el 18 de junio de 1583. La póliza, extendida a nombre de William Gybbons, establecía que se pagaría a su familia 400 libras en caso de fallecer dentro de los siguientes 12 meses. El asegurado murió ese mismo año y su familia cobró la indemnización pactada... aunque solo se había pagado una prima de 32 libras.

Mi sobrino, el hijo de Germán, se quedó sin un padre. Su mamá debió modificar el estilo de crianza que había llevado adelante hasta entonces. Germán no había llegado a comprar una vivienda para su familia; tampoco a reunir un dinero que garantizara la educación de su hijo, al menos hasta terminar la escuela secundaria.

Con un seguro de renta familiar y un seguro médico de bajo costo, casi todos los problemas económicos que su familia afronta hoy podrían haber estado resueltos. Incluso podrían estar cubiertos tratamientos complejos como el que atraviesa Germán. Es de primera necesidad contar con una obra social que cubra eventos extraordinarios y, lógicamente, costosos, como enfermedades severas o una posible invalidez.

Siempre tuve en claro este punto, desde chico. En 1998 trabajaba como cadete en un estudio contable. Recién había comenzado la universidad y, si bien hacía tres años que trabajaba a tiempo parcial, era la primera vez que estaba en relación de dependencia. A esa edad, la mayoría de mis problemas de salud derivaban de lesiones deportivas. Cada vez que sufría un desgarro en un entrenamiento de atletismo –mi deporte por esos días– la cobertura médica obligatoria correspondiente a mi actividad laboral me ofrecía atenderme con una demora de tres semanas; es decir que para tener una consulta médica debía esperar el mismo tiempo que el desgarro, espontáneamente, tardaba en curarse.

En vista de esta situación, decidí hacer el esfuerzo y pagar la diferencia necesaria de dinero para acceder a una cobertura médica privada. Ese esfuerzo adicional representaba usar 50 pesos argentinos de los 350 que cobraba. Por entonces, yo sostenía económicamente a mi madre y a mi hermano menor, así que los 50 pesos no eran poca cosa; me exigían reducir a cero cualquier gasto superfluo. Fue duro, pero no me arrepiento. Durante los siguientes diez años, debí someterme a cinco intervenciones quirúrgicas. La mayoría, producto de lesiones deportivas. También debieron intervenirme por la aparición de un tumor en el pie (por suerte, benigno, aunque la primera biopsia decía lo contrario) que me detectaron a causa de una fractura. Esta última cirugía requirió importar desde Alemania ciertos materiales, mantenerme sin caminar durante un tiempo y, luego, usar muletas. Fueron ocho meses que, sin cobertura médica, habrían sido un infierno.

> En México, el 25 de mayo de 1910 se promulgó la Ley Relativa de Organizaciones de las Compañías de Seguros sobre la Vida, que regulaba por primera vez el seguro de vida contratado. Actualmente, según cifras de la Asociación Mexicana de Instituciones de Seguros (AMIS), México es el país con mayor penetración de seguros de vida entre la población de América Latina.

¿Conclusión? Para el éxito de cualquier plan financiero es preciso elaborar una excelente estrategia de protección, que provea los instrumentos para garantizar el cumplimiento de todos los objetivos, incluso si el titular del plan muere o sufre una invalidez. Esta protección debe contemplar tres áreas:

- Salud (cobertura médica y coberturas adicionales en los seguros de vida como, por ejemplo, adelantos de dinero en caso de enfermedades graves).
- Renta (seguros de vida, seguros de renta familiar y seguros societarios).
- Patrimonio (seguros de vida sucesorios para morigerar el impacto impositivo, y seguros patrimoniales).

Ya tienes tu plan. Delimitaste tus objetivos económicos y personales, deseos de viajar, quizás de tener hijos. Disfrutar de la vida y de los amigos, dejar de trabajar por necesidad a temprana edad. Nos gustaría vivir una adultez sin apuros ni preocupaciones… ¿Sería razonable poner en riesgo todo esto por el simple detalle de no asegurarnos?

CAPÍTULO 11

RIESGO, PREVENCIÓN Y SEGUROS

Cuando alguien desea algo, debe saber que corre riesgos y por eso la vida vale la pena.

Paulo Coelho

El riesgo implica un futuro incierto, aunque mucho de lo que pueda ocurrir depende de las decisiones del presente. Es cierto: no existe conducta libre de peligros. Sin embargo, la prevención busca disminuir la probabilidad de esos riesgos o reducir eventuales daños.

La prevención puede llevarse a cabo tanto frente al peligro como ante el riesgo. En materia de seguros, la prevención del riesgo como parte de la cobertura no se orienta solamente a resarcir o resguardar al asegurado en caso de siniestro sino, principalmente, a evitar que el hecho se produzca.

> El primer documento escrito que testimonia un contrato de seguro sobre bienes materiales data de 1347. Allí se emplea la palabra italiana *polizza* para referirse a la cobertura que se daría al cargamento del buque "Santa Clara".

El seguro no evita que se produzca el siniestro, para ello están las medidas de prevención. Si a pesar de haberse tomado los recaudos necesarios el hecho ocurre, entonces interviene el seguro, cuya función es colocar al asegurado en la situación económica anterior al momento del siniestro.

Qué debemos saber sobre seguros de vida

Por lo general, se asocia a los seguros de vida con la muerte. Es el error más común, que omite un hecho importante: con frecuencia, el seguro salva la vida del asegurado. ¿Cómo?

Soy productor asesor de seguros sobre las personas. Y con más de diez años en el rubro, conocí miles de historias, a miles de clientes. ¿Sabían que en la Argentina, por ejemplo, los seguros de vida tienen una cláusula de adelanto del 50% de la suma asegurada para el caso de enfermedades graves? Esto permite contar con el dinero para acceder a un buen tratamiento, aquí o en el exterior, que cure al asegurado. ¿Sabían que, en caso de un accidente que haya dejado una invalidez, el seguro puede aportar dinero para encontrarle una solución o compensar la angustia de la situación?

> Roma es la cuna de los seguros de vida. Allí surgió el aseguramiento mediante una colecta a la comunidad que se destinaba a los servicios funerarios de los que fallecían.

Por eso, mi consejo es siempre el mismo: planifiquemos todo considerando la posibilidad de que se nos presenten muchas situaciones malas. Es necesario cubrirse y rezar para que nada malo suceda. Y luego sí: disfrutemos de la vida con una actitud positiva.

CAPÍTULO 12

PROTECCIÓN DE LA HERENCIA FAMILIAR

Las apariencias engañan en beneficio de usted.

Joan Manuel Serrat

Durante nuestra vida, trabajamos para generar ingresos con la convicción (o al menos con la intención) de brindar a nuestros descendientes un futuro seguro. Sin embargo, algunas personas desarrollan tal preocupación y ambición por aumentar su dinero y capacidad de ahorro que terminan por restringir sus actividades vinculadas al ocio o el placer, como si se tratase de lujos excesivos. Pero al mismo tiempo, ¿qué hacen esas personas para asegurar o proteger la herencia que procuran dejar?

> Bill Gates, fundador de Microsoft, y Warren Buffett, célebre inversor, son respectivamente los dueños de la segunda y la tercera fortunas más grandes del mundo. Desde hace tiempo, ambos han decidido donar a instituciones filantrópicas el 99% de sus fortunas. Y están pidiendo a cientos de estadounidenses ricos que se comprometan a donar, al menos, el 50% de su herencia a la caridad.

El seguro de vida está diseñado para indemnizar a los beneficiarios en caso de fallecimiento del asegurado por cualquier causa. Con esto en mente, podemos utilizarlo para asegurar que la herencia que planeamos dejar a nuestros familiares llegue neta de impuestos a través del pago de una prima de seguro que garantice cobrar ese importe. Así, el seguro de vida puede emplearse también como herramienta para solucionar un problema impositivo. Así de sencillo.

Este tipo de seguro da respuesta a quienes buscan resguardo y transmisión del patrimonio familiar y/o empresarial de generación en generación. Y lo convierten en una cuestión fundamental a la hora de planificar fiscalmente.

Impuestos a la herencia y similares

Esta clase de gravámenes son comunes en países desarrollados, entre otros, los Estados Unidos, el Reino Unido, Japón, España, Francia y Suecia. En América Latina, encontramos este tributo también en Brasil, Uruguay y Chile. En la Argentina existió hasta 1976, cuando fue derogado definitivamente por una ley impulsada por el entonces ministro de Economía, Alfredo Martínez de Hoz, quien, como verán en el recuadro, se benefició con la medida en forma directa.

> Como explica Mario Rapoport en *Historia Económica, Política y Social de la Argentina, 1880-2003* (Emecé, Buenos Aires, 2008), Alfredo Martínez de Hoz, miembro de una tradicional y acaudalada familia, se convirtió pocos días antes del Golpe de Estado de 1976 en el heredero de una importante fortuna. La eliminación del impuesto a las herencias promovida por él lo eximió de tal compromiso.

También en la Argentina, en las provincias de Buenos Aires (desde 2011) y Entre Ríos (2013), rige un impuesto a la herencia que grava la transmisión gratuita de bienes, es decir, el enriquecimiento por transmisión a título gratuito de herencias, legados, donaciones, anticipos de herencia y/o cualquier otro hecho que implique un incremento patrimonial. Quedan exentos solo quienes hereden una propiedad valuada hasta 100.000 pesos y que sea destinada a residencia única familiar (para excluir evidentemente a las viviendas muy precarias).

En la provincia de Buenos Aires, el impuesto alcanza a los bienes situados en su territorio y/o a los beneficiarios (personas físicas o jurídicas) domiciliados allí. En caso de que el fallecido o cedente de los bienes posea domicilio bonaerense, las porciones del patrimonio radicadas fuera de ese territorio también están gravadas.

> La legislación argentina penaliza severamente la omisión del pago del tributo. Conlleva una multa de entre el 5% y el 50% del impuesto omitido. En caso de defraudación fiscal, esto se eleva a entre un 50% y un 300%.

Los montos mínimos para incurrir en el pago del impuesto son:

- Para toda transmisión entre padres, hijos o cónyuges, más de 250.000 pesos.
- Entre otros grados de parentesco o entre extraños, más de 60.000 pesos.
- Este impuesto grava el patrimonio que se traspasa con un monto de entre 4% y 21,9% del capital heredado, según el grado de parentesco o relación hereditaria. Como puede observarse, el porcentaje es significativo.

Imaginemos juntos: uno hereda un millón y medio de pesos argentinos en bienes (en carácter de beneficiario-hijo), y deberá pagar al fisco provincial la suma de 68.906 pesos en concepto de impuesto a la herencia.

Un seguro de vida con ese mismo hijo como beneficiario no integraría el acervo hereditario, así que su cobro no incrementaría la base del impuesto.

Por eso, puede utilizarse una póliza de seguro de vida para reducir el pago del tributo (los 68.906 pesos que calculamos más arriba) y el costo de la póliza misma (supongamos, 228.000 pesos, cifra equivalente a pagar 950 pesos por mes durante 20 años). De este modo, un padre que quisiera que su hijo heredara 1.500.000 pesos netos podría contratar el seguro a fin de recuperar el valor del impuesto a la transmisión gratuita de bienes y de la erogación que significó para su padre el pago del seguro. Es decir, cuando cobre el seguro (al momento en que se produzca el siniestro) va a cobrar 32.807,29 dólares, que representarán lo que tendrá que pagar de impuesto a la herencia más el recupero de todo lo que fue pagado de prima de seguros hasta ese momento (para ejemplificar suponemos que se pagó por 20 años):

Impuesto a la herencia sobre $ 1.500.000	$ 68.906
Costo del seguro ($ 950 x 12 meses x 20 años)	$ 228.000
Suma total a asegurar (impuesto + costo del seguro)	$ 296.906
Suma total a asegurar (en dólares)	U$S 32.807,29
T.C. $ 9,05	

Ejemplo de un seguro para compensar gravámenes a la herencia

Recordar que, al contratar un seguro de vida, debemos tener una cobertura linkeada a dólares, para evitar así la pérdida de poder adquisitivo de la moneda, sobre todo en economías tan inestables y con historial de inflación como la Argentina.

¿Alguien pensó en esta alternativa para no pagar impuestos innecesarios?

CAPÍTULO 13

¿CÓMO EVITAR PROBLEMAS EMPRESARIALES UTILIZANDO LOS SEGUROS?

Las personas, a veces, visualizamos en nuestra mente el problema como algo enorme, que nos supera. La propuesta es reducir esta visión simbólica y verlo como algo pequeño y a nosotros grandes. Si queremos resolver un problema, tenemos que cambiar la relación que tenemos con él.

Laurent Gounelle

Los seguros sobre las personas pueden ayudarnos también a evitar situaciones traumáticas y desagradables a nivel empresarial. Analicemos los dos casos que describimos a continuación.

Seguro societario

Las personas forman sociedades comerciales con pares con los que tienen afinidad o ante la necesidad de sumar a la empresa una habilidad que otros integrantes no poseen. Por ejemplo, cuatro ingenieros comparten un proyecto en común y además se llevan bien entre ellos. Así, deciden formar una empresa bajo el formato de sociedad anónima.

Cualquiera sea el formato societario que se adopte, esto está en la base tanto de la gran empresa como de la pyme.

Para una sociedad, la pérdida –por muerte o invalidez total– de uno de sus socios puede convertirse en un escollo difícil de salvar. Exige, como mínimo, aceptar un heredero en lugar del socio fallecido, o bien que los socios supervivientes compren esa parte de la sociedad, ya sea aplicando fondos de la empresa o recursos propios.

Si, como dijimos, la decisión de conformar una sociedad nace de la afinidad y la búsqueda de valor agregado, cuando el lugar de un socio es ocupado por sus herederos, esa comunión de visiones, principios y demás no siempre está garantizada. ¿Cuánto vale el desgaste provocado por la pérdida de tranquilidad, los roces o los malos resultados por falta de conocimiento o capacidad para el negocio? Y si los herederos aceptan vender sus acciones, ¿los socios tendrán dinero para comprarlas o podrán retirarlo de la empresa sin vender bienes clave o descapitalizarse de cualquier otro modo?

Los seguros de vida societarios permiten prever estas situaciones. Se trata de pólizas mancomunadas, con seguros cruzados entre los socios tomadores. Así, en caso de que uno fallezca, los socios designados como beneficiarios cobrarán la suma asegurada, suficiente para comprar la participación del socio fallecido. Este tipo de seguros tiene un costo muy bajo, sobre todo comparado con el daño o el costo que podría generarse al momento del siniestro.

Un dato más. Cuando se constituye una sociedad, puede incluirse en el estatuto una cláusula de derecho de preferencia para la compra de acciones a favor de los socios fundadores, que les reconozca esa prioridad.

Seguro sobre hombre clave

Otro tema que requiere atención en las empresas es el "hombre clave", aquel que si bien no es irreemplazable –tal vez nadie lo sea, cada día me convenzo más de ello–, es importante en la estructura que maneja. Su ausencia puede traer consecuencias económicas graves. Conviene aclararlo: "hombre clave" no es solo el presidente de una firma sino, por ejemplo, el director de un departamento estratégico, o una "estrella" de las ventas.

En mi grupo de empresas, tengo dos contadores clave, ambos directores de departamento. Si alguno de ellos se alejara de su cargo, o muriera, más allá del dolor que me provocaría perder la cotidianidad con estos amigos, la empresa tendría un gran problema. Nunca es sencillo reemplazar a una persona con mucha antigüedad, que maneja a la perfección su trabajo y que comparte todos nuestros criterios y nuestra cultura empresarial. Además del desafío de reclutar y capacitar a otra persona, se sumaría el problema económico: para sustituir a quien desempeñe un rol de hombre clave, serán necesarias seguramente por lo menos dos personas. Si tomamos en cuenta todos los costos implicados, desde el acierto en el proceso de selección hasta su desempeño efectivo, y los cuantificamos en sueldos, es probable que necesitemos el salario de dos personas, mínimamente por dos años, para formar al reemplazante y devolverle su calidad al puesto.

Nuevamente, estamos ante un problema que, en caso de fallecimiento, puede ser previsto. ¿Cómo? Con la contratación de una póliza de seguro de vida del hombre clave. En este caso, el tomador y beneficiario es el empleador (persona física o jurídica, según corresponda), quien asegura la vida del empleado considerado hombre clave. La suma a cobrar puede calcularse sobre la base de los sueldos que percibirían durante los dos primeros años los reemplazos del hombre clave. Tratándose de gerentes o mandos medios, la cantidad asegurada resulta, por lo general, inferior a los 100.000 dólares. Contratado este seguro, en caso de fallecimiento del hombre clave, la empresa cobra el siniestro y, con ese dinero, paga –sin descapitalizarse– los sueldos y tal vez la capacitación de quien o quienes reemplacen al hombre clave.

Por último, vale aclarar que los seguros de vida del hombre clave no sustituyen o reemplazan el seguro de vida que el empleador debe contratar, como exige la legislación, para cada uno de sus trabajadores.

CAPÍTULO 14

¿CÓMO PROTEGERNOS ANTE NUESTRA FUTURA JUBILACIÓN?

Un artista es alguien que produce cosas que la gente no necesita tener pero que él, por alguna razón, piensa que sería una buena idea darles.

Andy Warhol

La jubilación es un acto administrativo por el cual un trabajador activo pasa a una situación pasiva o de inactividad laboral tras haber alcanzado la edad máxima para trabajar o la edad que permite legalmente abandonar la vida laboral y obtener una retribución el resto de su vida. Al retirarse de su empleo, el trabajador tiene derecho a recibir las prestaciones correspondientes según la legislación de cada país. En el mundo se utilizan distintos regímenes jubilatorios: estatales, de capitalización privada, o mixtos.

Chile es considerado la cuna de los sistemas de capitalización individual. Las Administradoras de Fondos de Pensiones (AFP) son instituciones financieras privadas encargadas de administrar los fondos y ahorros de pensiones. Las AFP fueron creadas en noviembre de 1980, durante la dictadura de Augusto Pinochet.

En América Latina, países como Perú, México y Colombia han seguido con éxito la experiencia chilena. En la Argentina se implementó un sistema similar a partir de 1994, pero fue renacionalizado en octubre de 2008, confiscándose los ahorros de los afiliados. En 2010, Bolivia inició el retorno de la administración de los fondos de pensiones al Estado.

Sea cual sea el sistema adoptado, por lo general se observa una dura realidad: la persona sin otras rentas, al momento de retirarse pasa a cobrar en concepto de jubilación aproximadamente el 35% del último salario o la última renta percibida por su tarea profesional. Ahora bien, después de trabajar durante 30 o 40 años, lo ideal sería vivir sin preocupaciones y comenzar a disfrutar de lo logrado, viajar, malcriar nietos y demás, ¿no es verdad? Pero para esto, primero debemos resolver un problema serio: ¿cómo reemplazar el 65% de los ingresos que ya no percibiremos?

Definamos el término "pensión": acumulación de dinero intocable, reservado como resguardo que se adiciona a la jubilación establecida por la ley y emergente del sistema previsional vigente en cada país (de capitalización, de reparto o mixto).

Un "plan B" para la jubilación

Los seguros de ahorro o retiro pueden tener varias aplicaciones. La más común es complementar o reemplazar a la jubilación.

Como hemos dicho, una persona sin otras rentas que las emergentes de su profesión o su salario, al momento de retirarse, pasa a cobrar en concepto de jubilación aproximadamente el 35% del último salario percibido. ¿Cómo sustituir el 65% de ingresos restante? Una opción es invertir en un seguro de retiro.

Supongamos que una pareja mantuvo un buen nivel de vida hasta sus últimos días como trabajadores activos gracias a que, entre los dos, sumaban ingresos por 34.000 pesos (no importa si se trata de pesos argentinos o mexicanos; queremos simplemente dejar indicado un cálculo). Imaginemos que a esta pareja le gustaba viajar, salir y divertirse. Si tomamos como parámetro que los sistemas jubilatorios tradicionales cubren aproximadamente el 35% del último ingreso, esta pareja pasará a cobrar en concepto de jubilación cerca de 11.900 pesos, por lo que tendrá que reemplazar mensualmente el ingreso de unos 22.100 pesos. Si no tuvieran activos o percibieran rentas de otras fuentes que no fueran sus trabajos, ¿cómo podrían producir esos 22.100 pesos faltantes? No olvidemos que este desafío, de la mano del incremento de la expectativa de vida, se mantendrá durante unos veinte años. Es decir, la pareja deberá resolver cómo generar 22.100 pesos mensuales durante dos décadas.

> El sistema jubilatorio mexicano contempla dos clases de aportes. Unos, obligatorios, los recauda el Instituto Mexicano del Seguro Social (IMSS). Otros, voluntarios y complementarios, se realizan a las Administradoras de Fondos para el Retiro (AFORE). De este modo, las personas que así lo deseen pueden constituir durante su vida activa la previsión necesaria para contar con un ingreso adicional que cubra la diferencia entre la jubilación percibida y el último ingreso percibido antes del retiro. El IMSS es la institución de seguridad social más grande de América Latina.

Considerando una depreciación de la moneda norteamericana del 4% anual, la proyección del dinero adicional al haber jubilatorio que necesitará esta pareja sería como muestra el siguiente cuadro.

Año	Ingresos necesarios para cubrir la brecha entre los ingresos antes y después de la jubilación más un 4% de depreciación anual de la moneda
1	$ 265.200
5	$ 1.407.983
10	$ 3.040.220
15	$ 4.932.431
20	$ 7.126.017

Proyección de renta complementaria

Mucho dinero, ¿no? Cuanto a más temprana edad se comience a ahorrar, mayor será la capitalización lograda. Quienes no logren reunir durante su vida activa un patrimonio que genere rentas adicionales, estarán en el futuro frente a un problema serio. Actualmente los seguros de retiro son una gran herramienta para acceder a una merecida jubilación que permita sostener el nivel de vida sin sobresaltos ni restricciones.

Pensar en los nietos

Otra gran aplicación de los productos de seguro es la inversión en educación, un servicio que año tras año absorbe aumentos incluso superiores a la inflación. La educación constituye un concepto no menor en cualquier presupuesto. Por eso, utilizar el interés compuesto y su magia al servicio de esta previsión constituye una gran herramienta para asegurar tan importante objetivo, pensando tanto en nuestros hijos como en nuestros nietos.

A propósito, me gustaría compartir la historia de Carmen y Manuel Butragueño, un matrimonio que, como muchos abuelos españoles que emigraron a la Argentina, de muy buena gana ofreció ayuda a su hija Encarnación y a su esposo cuando decidieron formar una familia, allá por 1997.

Cuando la hija se casó, Manuel –profesor universitario retirado– y Carmen –su esposa– acogieron al joven matrimonio en su casa del barrio de Caballito, en la ciudad de Buenos Aires. Tiempo después llegaron los mellizos, Ramiro y Rogelio. Los abuelos se dedicaron a ellos con alegría y amor. Todas las tardes, cuando salían de la escuela, Manuel llevaba a sus nietos a jugar a la plaza. De vuelta a casa, la abuela Carmen los esperaba con la merienda lista y, más tarde, les servía la cena. Encarnación era consciente del importante papel que sus padres habían desempeñado durante su vida adulta. “Mi mamá y mi papá han sido fundamentales. No habríamos resistido sin ellos”, decía cada vez que surgía el tema.

Cuando los mellizos cumplieron 16 años, Encarnación comenzó a preocuparse por el futuro educativo de ellos. Los chicos querían convertirse en médicos, una carrera costosa y que demanda una dedicación que prácticamente la hace incompatible con un trabajo que ayude a costearla. Encarnación sabía que su sueldo y el de su marido, ambos empleados gastronómicos, no iban a alcanzar para solventar las carreras universitarias de Rogelio y Ramiro. La situación la mortificaba.

Pero Encarnación no sabía que, desde hacía bastante tiempo, los abuelos estaban preparando una sorpresa. Diez años atrás, don Manuel había comenzado a pagar un producto de inversión cuyo objetivo final lo llenaba de ilusión: cubrir los gastos de los estudios universitarios de sus nietos. Manuel debía pagar una cuota mensual durante doce años, plazo después del cual sus nietos tendrían un capital destinado a costearles la universidad. El producto contratado incluía además, por un monto mínimo, un seguro de vida para que, si Manuel fallecía antes de completar los doce años de pagos, se cubrieran los pagos faltantes. Aunque faltaban dos años, viendo la preocupación de su hija, Manuel decidió anunciar en Navidad que el tema estaba solucionado: todos podrían comenzar a hacer planes.

Cuando Manuel me contó esta historia, se le llenaron los ojos de lágrimas. Estoy seguro de que Encarnación sintió la misma felicidad que aquel día cuando sus padres, con ella embarazada, le abrieron las puertas de su casa para que viviera allí con su pareja.

Productos de inversión como el que permite asegurar los estudios universitarios de nuestros descendientes están disponibles y son accesibles. Sin embargo, por falta de educación financiera, la mayoría de la gente los desconoce.

Antes de que sea tarde

Hay un componente psicológico altamente negativo en las personas respecto de pensar en reservar dinero para la jubilación. Por lo general, se tiende a identificar la previsión para el retiro con la postergación del disfrute presente en pos de un bienestar futuro que no sabemos si llegará. Al respecto, vale la pena aclarar un error muy frecuente: proyectar un fondo para la jubilación no equivale necesariamente a inutilizar ese dinero por años.

La clave está en comprender que el ahorro puede transformarse en inversiones que generen renta y, si bien el capital invertido tiene como objetivo final el retiro, pueden retirarse periódicamente montos de renta y disfrutar de ese dinero. También pueden hacerse pequeños retiros ante situaciones imprevistas y continuar capitalizando el resto.

La clave está en comenzar cuanto antes, aunque sea con pocos montos. Cuanto antes comencemos, mayor alegría nos dará el gran aliado de las colocaciones a largo plazo: el *interés compuesto.*

Las inversiones pueden –y deben– ir mutando según la etapa en que nos encontremos: a esto se denomina "mutación etaria de la cartera". Es preciso transformar progresivamente las inversiones en activos cada vez más conservadores a medida que nos acercamos al retiro, ya que tendremos menos tiempo de recupero o reacción ante una mala jugada.

CAPÍTULO 15

CULTURA ARGENTINA *VS. INVERTARTE*: ¿COMPRAR O NO COMPRAR UNA CASA?

Pensemos nuestro plan financiero como un vehículo que necesita mucho combustible para llegar a su objetivo. Ese combustible es el dinero que aplicaremos a la adquisición de activos que generen renta y que actuará con un efecto multiplicador para el logro futuro de la soñada independencia financiera. Recordemos que pensamos esa independencia como la capacidad de cubrir el presupuesto familiar exclusivamente con las rentas producidas por nuestros activos, es decir, sin considerar los ingresos provenientes del trabajo personal.

Siguiendo con la metáfora del plan financiero pensado como un auto, ¿a quién se le ocurriría acopiar combustible (dinero) almacenándolo en barriles (la propiedad de una casa) sin usarlo para hacer andar el auto? ¿Podría avanzar un vehículo sin combustible? ¿Podríamos siquiera iniciar el viaje?

En el año 2006, mi esposa y yo decidimos casarnos. Como para tantos flamantes matrimonios, acceder a la vivienda se convirtió en una necesidad prioritaria que solo podríamos atender con más creatividad que dinero. Embarcados en ese proyecto, pusimos manos a la obra.

La primera alternativa fue conseguir un espacio para construir en la casa de mi madre. La idea –por supuesto– era compartir el terreno sin perder la privacidad. Mi habitación de la infancia se ubicaba al frente. Ese espacio, sumado al del garaje, sería suficiente. Convencí a mi madre de que me donara esa parte de la propiedad y así comencé a hacer realidad mi primer objetivo: invertir en la construcción de una casa de dos plantas que ocupara esos pocos metros cuadrados.

Con ahorros, la ayuda de algunos clientes del rubro de la construcción que me vendieron materiales en cuenta corriente, la obtención de préstamos personales y pagando algunos insumos en 12 o 24 cuotas fijas y sin interés con tarjetas de crédito, logré construir una casita de dos plantas con garaje incluido. Se trataba de una propiedad pequeña, cuya superficie estaba distribuida en ambientes muy chicos pero con detalles de calidad: lindos arreglos en madera, un bar y una habitación grande con baño en suite e hidromasaje. Me había propuesto construir algo muy funcional, con detalles que llamaran la atención y me ayudaran... ¡a venderla rápido!

Con esta casita en venta, comencé a buscar un departamento para alquilar. Las críticas de familiares y amigos comenzaron a llover. "¡Con el techo no se juega!", insistían, recurriendo a un precepto casi grabado a fuego. Sin embargo, tenía mi plan: hacer un producto de calidad (la casa en dos plantas) que pudiera venderse a un precio accesible a un segmento del mercado para el que no había demasiada oferta. Estaba convencido de que podría venderla rápido. Y los hechos lo confirmaron: dos meses después de comenzar a ofrecerla, mi agente inmobiliario me presentó al comprador.

¿Cómo continuó la historia? Mi esposa y yo alquilamos una vivienda para nosotros. Coloqué el dinero obtenido de la venta de la casita en algunas inversiones de corto plazo, a la espera del momento oportuno para dar el próximo gran salto: crear una empresa consultora de servicios para pymes.

Una vez líquidas las inversiones, tuve el dinero para comenzar con mi proyecto profesional independiente y darle forma a mi empresa. Compré las computadoras y el mobiliario, alquilé las oficinas y pude cubrir los sueldos de seis empleados (entre quienes nos contábamos mi esposa y yo). En suma, con lo obtenido de la venta de la casa que había construido y las inversiones posteriores, dispuse del capital necesario para la inversión inicial y los gastos operativos del primer año de mi emprendimiento.

¿Qué habría sucedido si, en vez de vender aquella casita, nos hubiésemos instalado allí con mi esposa? Hoy tendríamos una vivienda propia… pero no una empresa. Tampoco habríamos generado nuevas fuentes de ingresos. Seguramente, el pago de las deudas adquiridas para la construcción con las tarjetas de crédito, así como los préstamos tomados, habrían asfixiado nuestro presupuesto familiar al punto de privarnos de excedente alguno para volcar en otra inversión. O sea, puse combustible a mi plan financiero y este comenzó a rodar.

> ¿Cómo acceder a la vivienda? Puede lograrse con sacrificio, trabajando más y más horas. O buscando inversiones que reporten las rentas necesarias para pagarnos la adquisición del tan soñado techo propio.

Antes de continuar, vamos a subrayar algunas cosas. Nada de lo que propongo supone que sea malo comprar una vivienda. De ninguna manera. Solamente busco mostrar que vale la pena preguntarse cuándo y cómo comprarla, cuál es el mejor momento y la mejor manera para hacerlo. Es importante el sentido de pertenencia. Sin embargo, mi consejo es comenzar por fijar objetivos y planificar, dándole tiempo al tiempo y pensando con detenimiento cómo se pagará tu casa.

¿Alquilar o comprar?

Para responder a esa pregunta, es preciso aplicar –al menos– dos miradas. La primera mirada debe analizar la rentabilidad neta de un alquiler *versus* la rentabilidad neta de una inversión alternativa. Observemos el siguiente gráfico, cuyos valores están reflejados en pesos argentinos:

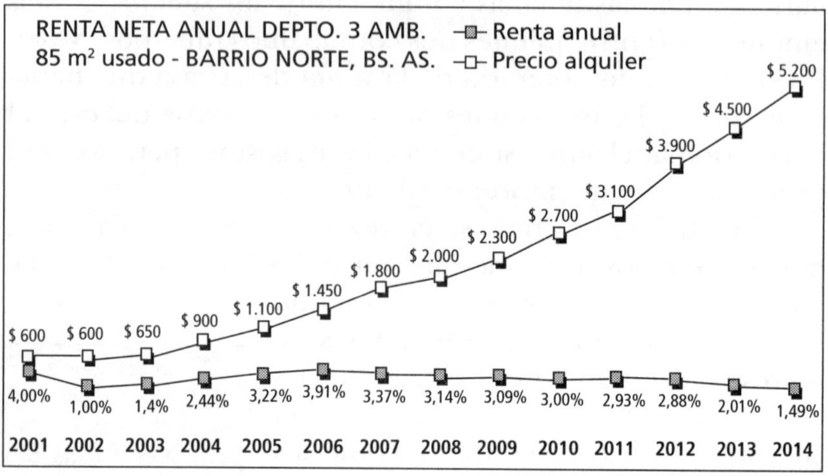

Fuente: *Reporte Inmobiliario.*

Por ejemplo, ante la apreciación del dólar –moneda de referencia en el mercado inmobiliario argentino–, la rentabilidad neta de un alquiler es cada vez menor. Por lo tanto, desde el punto de vista del costo de oportunidad, tenemos un indicador más favorable a alquilar que a comprar.

Por la situación actual del mercado, podríamos vislumbrar que esta caída en las rentas por alquileres seguirá observándose unos años más, ya que para que se recuperaran en el mediano plazo debería darse un fuerte incremento en los alquileres y una caída en el valor de mercado de los departamentos en dólares no inferior al 30%, algo que parece improbable en lo inmediato.

Si optamos por invertir 1.687.500 pesos (valor aproximado de un departamento de tres ambientes en Buenos Aires con cochera en una zona promedio) al tiempo que alquilamos una vivienda para nosotros, dispondríamos de un excedente para reinvertir y continuar acumulando activos que generen renta. Este excedente variará según la rentabilidad que estemos en condiciones de obtener de acuerdo con nuestro perfil de inversor (riesgoso, moderado o conservador). Si decidiéramos hacer una colocación en un emprendimiento, tal vez la rentabilidad sería mayor. Y si lo hacemos en un instrumento financiero de renta fija, como por ejemplo un bono en dólares, quizás sea menor. Por eso te presento las tres alternativas:

Caso I: MAYOR RIESGO			
Valor de la propiedad (expresado en pesos)	Rendimiento 3% mensual	Valor promedio de un alquiler	Ganancia excedente
$ 1.687.500	$ 50.625	$ -4.500	$ 46.125
Caso II: RIESGO MODERADO			
Valor de la propiedad (expresado en pesos)	Rendimiento 2% mensual	Valor promedio del alquiler	Ganancia excedente
$ 1.687.500	$ 33.750	$ -4.500	$ 29.250
Caso III: CONSERVADOR			
Valor de la propiedad (expresado en pesos)	Rendimiento 1% mensual	Valor promedio del alquiler	Ganancia excedente
$ 1.687.500	$ 16.875	$ -4.500	$ 12.375

Esta mirada nos conduce a una primera reflexión: más allá de nuestro perfil de riesgo, en todos los ejemplos la rentabilidad supera el monto del alquiler mensual, quedando un excedente para reinvertir en nuevos instrumentos que –a su vez– también reportarán renta.

Una segunda mirada para respondernos a la pregunta acerca de comprar o alquilar una vivienda para nosotros se vincula con el acceso al crédito hipotecario. Se trata de comparar la cuota del préstamo *versus* un alquiler.

Durante los últimos años, en la Argentina, el acceso al crédito hipotecario constituyó una opción casi inexistente.

Entre los factores que explican esta situación deben incluirse:

- La fuerte carga fiscal, que induce a muchas personas a mantener ingresos en la informalidad y, en consecuencia, no declarados ante la entidad financiera que analiza el riesgo del solicitante.
- La imposibilidad de los bancos de prestar dinero a largo plazo.
- La suba de la tasa de interés.
- La enorme brecha entre el nivel de los salarios y el valor de las propiedades.

> Entre los años 1998 y 2001, el 35% de las operaciones de compra de inmuebles en la Ciudad Autónoma de Buenos Aires, Argentina, se realizaban con el auxilio de un crédito hipotecario. Durante los últimos diez años, esa proporción se redujo a menos del 6%.

No obstante, supongamos que podemos adquirir una propiedad pagando en efectivo un anticipo del 40%, y el 60% restante abonarlo mediante un préstamo hipotecario por 680.000 pesos, pagadero en 120 cuotas a una tasa nominal anual del 28%. En este caso, estaríamos abonando una cuota de préstamo cercana a los 20.000 pesos, contra los 4.500 pesos que nos costaría alquilar el mismo departamento. Si comparamos la cuota del préstamo hipotecario contra el precio del alquiler, la cuota resultaría un 344% más cara.

Por eso, a la hora de planificar nuestro futuro financiero, debemos evitar que la casa propia se convierta en un obstáculo para nuestra planificación financiera de mediano y largo plazo.

En contextos en que la tasa de alquiler sea menor a la tasa de otra inversión, para los individuos que se encuentren en la segunda etapa vital de la planificación (entre los 20 y los 39 años), resulta conveniente pensar en la adquisición de la casa propia como un objetivo de mediano plazo que demandará descapitalizar otras inversiones. En mi caso, cuando elaboré mi plan financiero integral, tenía 26 años. La meta que me impuse fue la adquisición de la casa

propia a los 36, pero siempre que antes se cumplieran otros objetivos de la planificación.

La casa propia es un gran sueño, pero a cierta edad equivale a inmovilizar el capital que permitiría proyectarnos hacia un futuro más seguro y próspero. Si queremos que nuestros proyectos se echen a andar, no les quitemos su combustible: el dinero. Como suele decirse en el mundo de las inversiones, "*cash is King*". El efectivo manda.

> En términos de salario, en Argentina, mientras que en 1987 se necesitaban treinta sueldos promedio para acceder a un automóvil, hoy se necesitan menos de veinte.
> A fines de los '80, un Ford Sierra costaba U$S 30.000, la versión Premium del Renault Fuego se pagaba más de U$S 32.000 y el Renault 12, U$S 25.000.
> Un monto similar a lo que costaba un departamento de 70 metros cuadrados bien ubicado.
> En la actualidad, el valor que tiene un auto medio ya no alcanza para comprar ni siquiera una cochera.

Otros tiempos, otros horizontes, otros resultados

Vivimos en un mundo de contextos cambiantes y, muchas veces, dramáticos. Por eso, mi recomendación no es "nunca elegir comprar la vivienda". Tampoco "siempre priorice comprarla". Mi propuesta al lector es analizar las variables siguiendo su comportamiento de acuerdo con los cambios en la economía local, regional y global.

Para ilustrar esta permanencia del método y la mutabilidad de sus resultados, podemos aplicarlo a la situación actual en el Distrito Federal (DF) de México. Un amigo, Diego Ariel, vive en esa ciudad. Hace poco, analizaba la posibilidad de comprar su vivienda. La economía mexicana atraviesa un momento estable, con una inflación que en 2014 fue del 4,08%. Los préstamos hipotecarios, muy accesibles, se ofrecen a través de dos canales: el privado y el que brinda el Instituto del Fondo Nacional de la Vivienda para los Trabajadores (INFONAVIT). Si se toma un préstamo de este Instituto, la ley establece que las cuotas se descuenten automáticamente del sueldo del trabajador. Por lo general, el crédito tomado es mixto: parte lo otorga el INFONAVIT y parte acreedores privados.

La situación de Diego le permitía calificar para un préstamo hipotecario de la banca privada equivalente al 80% del valor de la vivienda. El crédito era de 600.000 pesos mexicanos, pagaderos en 240 cuotas mensuales a una tasa nominal anual del 8,03%. En estas condiciones, la cuota mensual del préstamo ascendería a 5.200 pesos mexicanos, suma similar a la del alquiler de una propiedad de características parecidas. ¿Conclusión? Al revés que en la Argentina, en el DF conviene comprar el inmueble antes que alquilarlo.

CAPÍTULO 16

¿ENDEUDARSE O NO ENDEUDARSE?

La gente suele pensar que endeudarse es algo malo. Sin embargo, solo es nocivo tomar un préstamo si la inversión que se realiza con ese dinero produce una ganancia o rentabilidad menor al costo financiero total de la deuda.

El endeudamiento no es una mala opción en todos los casos. Por ejemplo, los terremotos económicos vienen siempre con la inflación o la devaluación bajo el brazo. Esta situación, para aquel que esté endeudado en pesos y a una tasa cercana a la inflación, le permitirá realizar un excelente negocio. Para corroborarlo, basta con revisar la historia económica reciente de la Argentina: quienes tomaron préstamos en pesos durante las últimas crisis –por ejemplo, la hiperinflación– saldaron esas deudas con migajas.

HISTORIA DE LA TARJETA DE CRÉDITO

La primera tarjeta de crédito data del año 1950. Su fundador, Frank McNamara, mientras cenaba en un importante restaurante de Nueva York, se dio cuenta de que había olvidado llevar su billetera y no podía pagar la cuenta.

Tras esa situación incómoda, fundó la empresa Diners Club, la primera tarjeta de crédito para ser usada como medio de pago en restaurantes y para un grupo selecto de doscientas personas.

Cada tarjeta estaba hecha de una especie de papel que tenía impreso en el dorso un listado de los lugares que la aceptaban.

A finales de 1950, 20 mil personas estaban usando la tarjeta de crédito.

Recién a fines de la década del '70 llegó a la Argentina, y se transformó en la forma de pago predilecta de los argentinos.

Endeudarse para crecer (1)

Analicemos el caso de un comerciante que toma un préstamo de 200.000 pesos a un costo financiero total del 19% anual, correspondiente a una tasa para pymes. Imaginemos que con ese dinero compra mercadería que rentabiliza un 30% neto trimestral en un ciclo comercial (comprar, vender, cobrar). Si el comerciante puede repetir el ciclo cuatro veces en el año, su ganancia neta anual será del 120%. Además de la ganancia obtenida entre el 19% de tasa pagada y el 120% obtenido como beneficio, con la inversión del préstamo en mercadería se reduce el riesgo de que la inflación disminuya su capital afectando seriamente al negocio. El ejemplo permite comprender que no debemos temer a las deudas.

> El dinero es ficticio. Con responsabilidad y aplicándolo a inversiones que generen rentas, puede fabricarse. Solo hay que animarse a controlar el riesgo. Y es aquí donde la educación financiera nos permite nuevamente poder controlarlo.

Una buena opción: tomar deuda de amigos o de la familia, con quienes la confianza será la mejor garantía. La operación podría ser beneficiosa para todos. Por ejemplo, si un familiar ha colocado dinero en un depósito a plazo fijo a una tasa muy baja, podríamos ofrecerle una tasa intermedia entre esa y la que la entidad financiera nos cobraría a nosotros por un préstamo: este es un típico caso de un acuerdo en que todos ganan, "*win-win*". Obviamente, todo correctamente documentado, con un instrumento privado certificado ante un notario.

Endeudarse para crecer (2)

Después de un año y medio de haber creado mi consultora, las oficinas alquiladas donde funcionaba comenzaron a resultarnos pequeñas. Todo marchaba viento en popa y tenía muchas posibilidades de tomar la administración de nuevos negocios, pero eso requería más espacio físico. Necesitábamos un lugar más grande. Según mi plan financiero integral, estaba llegando a la fecha para la que me había propuesto comprar un inmueble a fin de instalar allí mis oficinas. Sin embargo, había un pequeño inconveniente: ¡no contaba con el dinero suficiente para hacerlo!

A pesar de todo, estaba convencido de que tenía que armar una estrategia para comprar las nuevas oficinas. Quería un lugar propio, de calidad, con espacio para brindar capacitaciones y una sala de directorio. Además de la comodidad, esto daría a mi consultora una mejor imagen, que permitiría captar más clientes y, con ellos, generar ingresos genuinos para afrontar el pago de la deuda que contrajese para adquirir la oficina.

Con estas ideas en mente, inicié las gestiones ante los bancos para contratar un préstamo hipotecario. Me ofrecieron el 30% del dinero que necesitaba, a cinco años de plazo. Luego de presentar decenas de papeles y todos mis impuestos al día –las ventajas de ser contador público–, el gerente del banco me felicitó: ¡hacía cuatro años que no otorgaba un crédito hipotecario! En forma paralela, pude acceder a otro préstamo –a una tasa muy conveniente y a largo plazo– del Consejo Profesional de Ciencias Económicas de la Provincia de Buenos Aires.

> Así como los Estados emiten deuda para desarrollar sus economías y crecer, las personas y las empresas pueden endeudarse para crear, fortalecer y ampliar sus negocios.

Si bien todo esto significaba una muy importante ayuda, entre ambos créditos solo reunía el 50% del dinero necesario para comprar las nuevas oficinas. Así que comencé a presentar mi plan de negocio a mis amigos y a explicarles cómo y por qué realizar esa inversión me posibilitaría incrementar la cartera de clientes y los negocios, ya que incorporaríamos el dictado de cursos de capacitación en inversiones. A aquellos que tenían dinero a plazo fijo, les propuse que lo colocaran en mi negocio a una tasa del 12% anual en dólares, documentando la inversión ante un notario mediante certificados mutuos.

Endeudarse para crecer (3)

Es la herramienta financiera que más creció en la última década, en Argentina, y se transformó en una gran opción para emprendedores.

Es fácil comenzar un negocio teniendo el capital para invertir. Pero si uno no tiene el dinero, en el mercado hay una herramienta que permite adquirir los bienes que necesita. Y además, que estos se *paguen solos* con los ingresos futuros que produzcan. Se la conoce como *leasing*.

¿Qué es el leasing?

Es un instrumento de financiación de bienes de capital (autos, camiones, maquinarias, equipos de computación, etc.) por el cual el *dador (el banco)* conviene transferir al *tomador (aquel que lo contrata)* la tenencia de un bien para su uso y goce contra el pago de un *canon (cuota mensual)*, y le confiere una *opción de compra* al finalizar el contrato.

Para decirlo sencillo, es un contrato de alquiler con opción a compra, que uno la ejerce o no pagando una cuota más al finalizar el contrato. Si, por ejemplo, uno elige sacar un auto a 36 meses, durante ese plazo está "alquilándolo", pues figura a nombre del banco, y si paga la cuota 37 y se lo queda, ahí pasa a nombre de uno.

¿Cuáles son los beneficios de esta herramienta?

Es ideal para aquellos que dan sus primeros pasos como emprendedores y no tienen capital –o no lo quieren poner en juego–, pero también aplica para las grandes empresas, con importantes beneficios impositivos.

El leasing financia el 100% del valor del bien, cobrando el primer canon (cuota mensual) con la entrega del mismo. Permite incluir dentro de la financiación otros gastos complementarios: traslado, instalación, importación, lo que libera al tomador de erogaciones de *minuto cero*.

Ventajas impositivas

En el leasing existe una clara ventaja relativa a los impuestos patrimoniales, debido a que el tomador del contrato no es titular del bien. Por este motivo, no corresponde pagar el impuesto a la ganancia mínima presunta ni a los bienes personales, que sí corresponderían ante una adquisición con dinero propio o vía prenda.

El importe del canon es deducible (se lo puede descontar) del impuesto a las ganancias. Al ser asimilable a un alquiler, uno puede deducirlo mes a mes para bajar la base imponible del impuesto (es la suma neta de gastos que se considera para calcular el impuesto, sobre la que se aplica la tasa). A diferencia de la amortización tradicional de los bienes de uso (es la pérdida de valor que sufre el bien con el uso, y que te lo permiten descontar de la base de cálculo del impuesto) se genera una "amortización acelerada", que es la que da este beneficio.

El factor tecnológico y la obsolescencia aportan una mirada adicional. Uno puede tomarlo netamente como un alquiler, y renovar el bien por otro tecnológicamente superior, iniciando un nuevo leasing sin ejercer la opción de compra. "El tiempo es dinero", dicen, por lo que no es menor evitarnos también todos los trámites vinculados a la adquisición, importación y contratación de seguros, ya que estos están a cargo del banco.

¿Y las contras?

Si la persona que toma el leasing es un consumidor final, y la mirada es sobre los ahorros impositivos, solo tiene la ventaja de no pagar el impuesto a los bienes personales, sin tener consecuencias frente a ganancias o al IVA.

En el mercado generalmente se observa un encarecimiento de la póliza de seguro asociada al bien. El banco es el que contrata dicha póliza. En muchos casos, los costos son superiores a los que se pueden obtener en el mercado. Y las entidades no permiten contratar la póliza por cuenta del particular, lo que se asocia a una decisión monopólica y desigual. Hay casos en que los tomadores han presentado una nota a la entidad solicitando el cambio del seguro, que es denegada, para luego recurrirla en el organismo de Defensa del Consumidor, con resultados favorables. Un accionar de esta índole tiene sentido siempre y cuando la diferencia de prima sea significativa, claro está.

Cuidado con las tasas

Para citar un ejemplo en el segmento automotores, según la línea y la entidad las tasas van actualmente del 30 al 38%. Es caro, si comparamos el costo de oportunidad de otra alternativa, por ejemplo las tasas subsidiadas que dan algunas automotrices, al 9,9% anual en 12 cuotas. Al margen de que para acceder a esta opción hay que contar con un anticipo y pagar los ga34stos de la operación, y se pierden todos los beneficios comparativos del leasing.

Importante:
El leasing no incrementa tu stock de deuda en el mercado, al no ser de tu propiedad el bien que incorporas, hasta tanto no pagues el último canon de opción de compra. Como el dador (banco o compañía financiera) conserva la propiedad del bien, el tomador accede a un análisis crediticio más flexible que en otras figuras, ya que al banco no le va "a figurar" que uno tiene una deuda porque está "alquilando", y de esa manera nos mira con mejores ojos cuando tiene que calificarnos.

Para muchas pymes, una condición fundamental para acceder a otras opciones de financiamiento es no estar sobreendeudadas. En muchos casos, los plazos de financiación son más largos que los tradicionales, puesto que se adaptan a la vida útil del bien.

Otro tema importante: el impuesto al valor agregado (IVA). Además de producir un beneficio de diferimiento, ya que no se cancela todo al momento de la operación, sino que se difiere en la cantidad de cánones, se financia también sin costo a lo largo del plazo del contrato. Esto trae una ventaja comparativa y hay que tenerlo en cuenta a la hora de comparar tasas: un préstamo prendario, por ejemplo, aplica la tasa sobre el total del bien con IVA incluido, mientras que en el leasing se considera el importe neto y el IVA se cobra, sin costo financiero, con cada canon. Se evita así la acumulación de saldos a favor, con su comentado perjuicio financiero.

Cada uno analizará su caso, y la conveniencia de cada alternativa. Pero algo es claro: el leasing llegó para quedarse.

Evolución financiera del hombre…
según cómo compra un vehículo

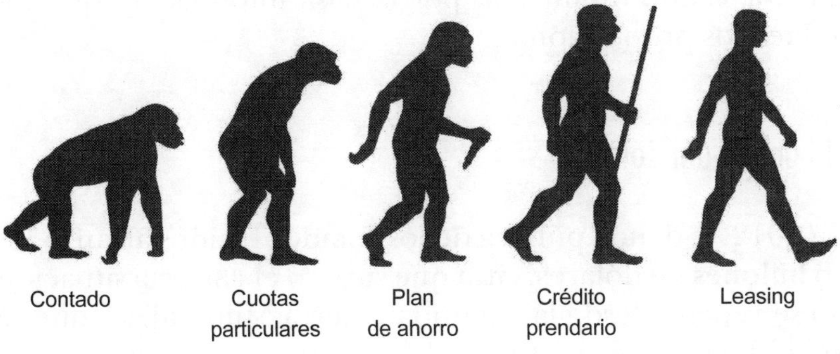

Endeudamiento e inflación

Algunas economías se encuentran inmersas en serios procesos inflacionarios, resultado de un incremento en la emisión monetaria sin respaldo. ¿Qué consecuencias tiene este fenómeno para quienes tomaron deuda en la moneda del país? Podrían pagar sus préstamos con dinero de menor poder adquisitivo: en términos reales, su deuda se habría reducido.

La inflación es uno de los males que más afectan a las personas y a sus finanzas. En América Latina el fenómeno va en aumento, aunque la mayoría de los gobiernos hagan esfuerzos por disimularlo. En este contexto, uno de los refugios preferidos de los argentinos para resguardar su capital es convertir sus pesos a dólares.

Después de la Segunda Guerra Mundial, las economías de Europa y los Estados Unidos se valieron de la inflación deliberada para diluir la gran carga que significaba la enorme magnitud de la deuda pública respecto del PBI. Algo similar vuelve a ocurrir en nuestros días: se intenta licuar la enorme deuda gubernamental de los Estados Unidos y Europa mediante un permanente goteo inflacionario que continuará siendo disimulado por la falsa información que los gobiernos proporcionan.

¿El ocaso del dólar?

En 2012, la deuda pública de los Estados Unidos alcanzó los 16 billones de dólares, cifra que superó el PBI; esta situación no se repetía desde la Segunda Guerra Mundial. ¿A qué se debe? La recesión y las medidas de estimulación económica condujeron a que la deuda pública se disparara durante la presidencia de Barack Obama. Entre las economías avanzadas, solo las deudas públicas de Grecia, Islandia, Irlanda,

Italia, Japón y Portugal sobrepasaron sus respectivos PBI. En los casos de Grecia, Irlanda y Portugal, se necesitaron enormes paquetes de rescate para evitar la quiebra. ¿Qué pasará, entonces, con los Estados Unidos? ¿Todo aquel que apuesta a los dólares estará ahorrando en una moneda que se encuentra de por sí "complicada" y que, además, es la de un país que en esta década seguramente perderá el primer lugar mundial en favor de China? ¿Será realmente el fin de la hegemonía estadounidense? Veremos.

CAPÍTULO 17

EL *FITNESS* IMPOSITIVO

En este mundo no hay nada cierto, excepto la muerte y los impuestos.

Benjamin Franklin

La medicina del deporte ha demostrado que una persona puede gozar de buena salud y, sin embargo, no estar apta para realizar ciertos esfuerzos, por ejemplo, soportar altas cargas físicas. En estos casos, el médico y el preparador físico deben elaborar un plan de entrenamiento a fin de que el paciente pueda ir compensando –por etapas y de manera paulatina– las falencias físicas y así prepararse para someterse a una exigencia superior. De este modo, puede lograr la aptitud física necesaria para practicar el deporte que desee con un mayor grado de rendimiento y menor riesgo de lesiones y enfermedades.

Para convertirnos en inversores, debemos también prepararnos, pero no desde el punto de vista físico sino impositivo. A esta preparación vamos a llamarla "el *fitness* impositivo". Un inversor puede tener buena salud patrimonial (capital o flujo de fondos disponibles para colocar) pero no contar con la aptitud fiscal para asumir un alto grado de exposición ante las autoridades impositivas. En consecuencia, el asesor financiero –actuando como "médico de cabecera"– y el contador –"preparador físico"– del futuro inversor, elaboran un plan "de entrenamiento". De este modo, el futuro inversor puede ir compensando por etapas, de forma paulatina, las falencias (ingresos o flujos no declarados) y prepararse para quedar sometido a una exigencia superior de rigor fiscal. Por ejemplo, en relación con inversiones bancarizadas provenientes de ingresos debidamente declarados.

El inversor puede alcanzar paulatinamente la aptitud fiscal necesaria para participar de una actividad de alto rendimiento económico e invertir sin temor a la supervisión de los organismos estatales de control fiscal. Como con el *fitness*, se trata de moderar los riesgos, en este caso, de sanciones, multas, intereses y costos judiciales derivados de embargos o inspecciones.

Ordenar nuestras cuentas

Cuesta mucho, desde mi profesión de contador público, lograr que se entienda la importancia de estar incluido correctamente dentro del sistema fiscal –algo que, como bien sabrá, es obligatorio por ley–. Y además, que se aprecien los beneficios de actuar como un contribuyente activo; entre otros, poder tomar dinero de los bancos, desarrollar inversiones y comprar bienes.

En algunos países, la cultura de la evasión y la informalidad en la actividad económica son corrientes. Muchos explican su conducta argumentando que el Estado abusa de los recursos tributarios para financiar un gasto público excesivo, hechos de corrupción, clientelismo. Es muy común escuchar "no voy a pagar impuestos para que se roben el dinero, cuando no hay salud, educación ni seguridad". Sin embargo, evadir las responsabilidades tributarias no es la solución. Es muy importante en los tiempos que corren ser un contribuyente activo. Ingresos declarados congruentes con los impuestos pagados son la llave de ingreso a un universo de productos de inversión y proyectos productivos, de consumo o también de inversión. Un ciudadano no bancarizado ni activo fiscalmente quedará fuera del futuro. Un futuro que ya está aquí con nosotros.

Controles más rigurosos

Además del deber legal que tienen todos los contribuyentes, conviene hacer notar la aceleración de procesos administrativos que genera el avance tecnológico.

En septiembre de 2012, la Argentina firmó un convenio de asistencia tributaria con la Organización para la Cooperación y el Desarrollo Económicos (OCDE), que amplía la red de países con los cuales puede intercambiar información tributaria. El objetivo es crear un entorno tributario cooperativo con un enfoque multilateral para el intercambio de información. La Argentina fue el primer país sudamericano en suscribir el convenio. Ya lo hicieron Bélgica, Dinamarca, Francia, Georgia, Islandia, Irlanda, Italia, Corea, México, Moldavia, los Países Bajos, Noruega, Polonia, Portugal, Eslovenia, España, Suecia, Ucrania, el Reino Unido y los Estados Unidos.

Cuando a principios de 1998 comencé a trabajar en un estudio contable, me enseñaron a liquidar el impuesto al valor agregado (IVA)... ¡en forma manual! Las declaraciones juradas de impuestos se presentaban impresas, por mostrador, al tiempo que se introducía el uso de los *diskettes* para las presentaciones de los grandes contribuyentes. En ese entorno, ¿pueden imaginarse la lentitud de las verificaciones o del entrecruzamiento de datos? En realidad, la Administración Federal de Ingresos Públicos (AFIP) de la Argentina se manejaba con la regla del "80/20": el 20% de los contribuyentes representa el 80% de los ingresos. Dado que tecnológicamente era muy difícil detectar inconsistencias, para quienes no fueran grandes contribuyentes resultaba relativamente simple evitar la lupa del organismo.

En la actualidad, nada es como antes. La AFIP ha tejido una verdadera telaraña de información. Esto no solo se traduce en una aceleración de los procesos administrativos sino también en que el sistema informático detecte y señale automáticamente cualquier inconsistencia. ¿Qué significa esto? Que los contribuyentes estamos siendo observados casi en tiempo real. Así, por ejemplo, la AFIP denunció en agosto de 2014 a 991 contribuyentes argentinos que pretendieron ocultar rentas obtenidas en Australia, Chile, Dinamarca y España. Los evasores fueron detectados gracias a las cláusulas de intercambio automático de información fiscal contempladas en los convenios suscriptos por varios países para evitar la doble imposición internacional. De este intercambio automático de información participan también Bélgica, Bolivia, Canadá, Ecuador, Finlandia, Italia, Noruega y Perú. Por otra parte, la AFIP firmó acuerdos similares con Andorra, Bahamas, Costa Rica, China, Ecuador, India, Mónaco, Rusia, San Marino y Uruguay, así como también con Azerbaiyán, Bermuda, Caimán, Guernsey, Hong Kong, Isla de Man y Jersey, entre otros. Renegoció, además, convenios de doble imposición con cláusulas amplias de intercambio de información con España y Suiza.

Argentina: Régimen de Información

El Régimen de Información es un informe que pide la AFIP a determinados sujetos, en carácter de declaración jurada, con los datos de todas las operaciones económicas efectuadas durante un período determinado y de los sujetos intervinientes. El informe se presenta a través de un aplicativo y de acuerdo con un calendario estipulado de vencimientos. Quien no presente esta declaración en tiempo y forma debe pagar una multa.

Los principales regímenes argentinos de información vigentes fueron modificados en agosto de 2012, acotando su frecuencia de presentación y comprometiendo a los sujetos obligados a declarar mensualmente las operaciones realizadas. De este modo, la AFIP arma su tablero de comando de información para obtener el perfil de consumo de cada contribuyente para cruzarlo rápidamente con su perfil impositivo y detectar inconsistencias. ¿Desde dónde alimenta la AFIP su tablero de comando? Desde diversos regímenes informativos. A continuación, se listan los principales.

- **Compañías de seguros, régimen informativo de productores.** Las compañías deben informar todas las operaciones que realizan los productores. De esta manera se pone la lupa sobre un segmento que nuclea mucha información económica, pudiendo avanzar, por ejemplo, sobre la información de los titulares de los bienes asegurados y detectar evasiones (Resolución General 3367).
- **Establecimientos educativos de gestión privada incorporados al sistema educativo nacional en los niveles de educación inicial, primaria y secundaria.** Estos establecimientos deben informar la totalidad de los importes facturados o devengados en concepto de cuotas mensuales iguales o superiores a 2.000 pesos por alumno en concepto de enseñanza oficial y extraprogramática, seguros, comedor, cuotas recupero, atención médica, transportes, deportes, recargos y otros (Resolución General 3368).
- **Countries, clubes de campo, clubes de chacra, barrios cerrados, barrios privados, edificios de propiedad horizontal y otros.** Los administradores deben informar mensualmente los importes abonados en concepto

de expensas, contribuciones para gastos y conceptos análogos en:

- countries, clubes de campo, clubes de chacra, barrios cerrados, barrios privados cuando la superficie del bien –incluidos terrenos sin superficie construida– sea mayor o igual a 400 metros cuadrados y el importe de las expensas o, en su caso, gastos determinados por todo concepto, resulten mayores o iguales a 2.000 pesos en el mes calendario informado;
- edificios de propiedad horizontal u otros inmuebles afectados al régimen de propiedad horizontal o de prehorizontalidad cuando la superficie de los departamentos o unidades funcionales sea mayor o igual a 100 metros cuadrados y el monto de las expensas resulte mayor o igual a 2.000 pesos en el mes calendario informado. A tal efecto deben sumarse los metros cuadrados y el monto que corresponda a cocheras y/o bauleras (Resolución General 3369).

• **Agentes de información de energía eléctrica, agua potable, gas y telefonía fija y móvil.** Las empresas que presten estos servicios deben informar solo las operaciones que en cada mes calendario sean iguales o superiores a la suma de 1.000 pesos, salvo los contribuyentes que revistan el carácter de monotributistas, ya que estos son informados independientemente del monto de la operación (Resolución General 3349).
• **Operaciones económicas concertadas entre residentes en el país y representantes de sujetos o entes del exterior, y prestadores de servicios que intervienen en esas operaciones.** Toda operación económica, cualquiera sea su naturaleza, aun a título gratuito, concertada entre residentes en el país y quienes actúen en carácter de representantes de sujetos o en-

tes del exterior, debe ser informada por dichos prestadores (Resolución General 3364).

- **Sistema Informativo de Transacciones Económicas Relevantes (SITER).** Las entidades financieras quedan obligadas a actuar como agentes de información respecto de las altas, bajas y modificaciones que se produzcan dentro de cada mes calendario, en relación con la nómina de las cuentas corrientes, cajas de ahorro y cuentas corrientes especiales para personas jurídicas, cuando:
  - el monto total de las operaciones (acreditaciones mensuales efectuadas en las cuentas, constitución de plazos fijos) en moneda argentina o extranjera, y los saldos de las cuentas mencionadas al último día hábil del período mensual informado superen en el mes los 10.000 pesos; y
  - los consumos con tarjetas de débito superen los 1.000 pesos mensuales en cada cuenta (Resolución General 3365).
- **Regímenes de información y registración de operaciones, fideicomisos financieros y no financieros.** Los sujetos que actúen en carácter de fiduciarios deben informar mensualmente las operaciones realizadas, aportando datos de los fiduciarios y beneficiarios (Resolución General 3312).

A esta enumeración podríamos sumarle la información que brindan las obras sociales, las agencias de turismo, las oficinas de migraciones, las administraciones de tarjetas de crédito, los impuestos provinciales automotor e inmobiliario, el régimen de participaciones societarias, el registro de operaciones inmobiliarias, la factura electrónica y la nueva presentación mensual de "Citi Compras y Ventas" y muchos otros más. Pero, con lo dicho, el mensaje es claro: ya nada es como antes.

CAPÍTULO 18

EL MONTO CONSUMIDO *VERSUS* EL *EX-MONTO ESCONDIDO*

"Si no lo incluyo, nadie se entera." ¡Adiós a este mito popular! Cualquier operación que se realice y esté informada sirve de base para que la Administración Federal de Ingresos Públicos (AFIP) elabore una aproximación al monto consumido en gastos de sustento, mantenimiento y esparcimiento del responsable del grupo familiar.

Determinación del monto consumido

El dinero que ganamos en un período puede tener dos destinos:

- Ahorro o inversión, que pasa a integrar el patrimonio al cierre del período.
- Consumo dentro del período en que se generó el ingreso.

Debemos tener en cuenta que los consumos pueden financiarse con ahorros de períodos fiscales anteriores o con la venta de bienes adquiridos anteriormente. En ambos casos, el consumo se produce con el patrimonio existente al inicio del período fiscal. Entonces, el monto consumido se determina por diferencia patrimonial según la siguiente ecuación:

PN I + RN P = PN C + MC

PN I = patrimonio neto al inicio
RN P = resultado neto del período
PN C = patrimonio neto al cierre
MC = monto consumido

De allí, deducimos que el monto consumido es igual a:

MC = PN I + RN P – PN C

Algo clave: para determinar el monto consumido por diferencia, es necesario que los otros conceptos que integran la ecuación de justificación patrimonial no presenten omisiones y estén correctamente valuados.

Quienes desconocen la operatoria de la AFIP creen que omitiendo parte de la información en las declaraciones juradas, intentando ocultar ingresos o reducir la cantidad o valuación de los bienes que poseen pagarán menos impuestos. Sin embargo, la AFIP tiene una gigantesca base de datos. De este modo, la Administración cierra todas las vías de escape.

Algunos contribuyentes descubren –tarde– que ocultar bienes o dinero hace que expongan un nivel de gasto excesivo (monto consumido) y luego, a la hora de un ajuste, juega en contra porque el fisco querrá gravar un incremento patrimonial no justificado sin bajar el monto consumido.

Otros no se dan cuenta de que, por ejemplo, si no declaran el dinero que tienen guardado el 31 de diciembre, y al año siguiente quieren utilizar esos fondos para comprar una propiedad, los escribanos van a preguntar de dónde obtuvieron esos fondos para hacer la adquisición. Lo mismo sucede con el ahorro en el exterior. Si no quieren declararlo, y luego lo traen al país para hacer algún consumo, quedará evidenciado que ese dinero se poseía y no se declaró.

Otro error muy común: tampoco se tiene en cuenta la correlación de los ingresos declarados con los momentos en que se incurre en gastos registrables.

Al tomar el global del año, la declaración jurada puede ser coherente. Pero si, al analizarla más detenidamente, el fisco descubre que la totalidad de los ingresos anuales declarados remiten, por ejemplo, al último trimestre, seguramente se pregunte cómo hizo el contribuyente para pagar los gastos y consumos registrables de los trimestres anteriores. Cuando el contribuyente no puede justificar situaciones como esta, el resultado inevitable es que debe pagar un ajuste del tributo por los ingresos omitidos.

> En 1966, los Beatles lanzaron su tema "Taxman" (en inglés, "Recaudador de impuestos"), como una forma de protesta contra el *supertax*, un impuesto que afectaba a los ingresos de la banda.

Lo barato sale caro

Emilio tiene esposa (ama de casa sin ingresos) y dos hijos (en escuela primaria). Es propietario de un departamento de 140 metros cuadrados, y de un lote en un barrio privado que adquirió con el dinero de una indemnización laboral y por el que abona expensas. La mayoría de sus consumos los paga con su tarjeta de crédito. Analicemos los consumos de Emilio comprendidos en el Régimen de Información de la AFIP:

- Escuela privada de sus dos hijos: 4.200 pesos.
- Sistema de medicina prepaga del grupo familiar: 3.200 pesos.
- Expensas de su departamento: 2.350 pesos.
- Consumo mensual promedio con su tarjeta de crédito: 4.890 pesos.
- Expensas del lote ubicado en el barrio privado: 2.700 pesos.

En suma, son 17.340 pesos que mensualmente se informan a la AFIP; por lo tanto, en caso de corresponderle presentar una declaración jurada de Ganancias, el contribuyente no podría informar un ingreso menor a ese importe (aunque la lógica indica que tendría que ser mayor porque siempre hay gastos normales y habituales no incluidos en el Régimen de Información).

Sin embargo, Emilio no presenta Declaración Jurada de Ganancias porque reviste en condición de monotributista de categoría D, que prevé un ingreso anual total de 96.000 pesos, equivalentes a un promedio de 8.000 pesos mensuales. ¿Cómo podrá explicar Emilio que gasta 17.340 pesos por mes?

En un caso como este, la AFIP puede generar automáticamente un ajuste presunto por ingresos no declarados. Sería muy difícil para Emilio defenderse, pues debería explicar cómo pagó los consumos registrados: en la legislación tributaria argentina actual, la carga de la prueba la tiene el contribuyente. Por todo esto, es imprescindible que el consumo registrado sea coherente con la categorización impositiva del individuo y, en caso de corresponder, con sus declaraciones juradas. Una vez detectado el ocultamiento al fisco, el impuesto omitido, los intereses y las multas aplicadas por lo general triplican lo que debía tributarse oportunamente. En suma, lo barato sale caro. Muy caro.

Planificación fiscal

La correcta planificación fiscal y el ser un contribuyente activo son condiciones beneficiosas porque nos convierten en sujetos aptos para comprar bienes, calificar para créditos bancarios o, simplemente, evitar abultadas erogaciones impositivas derivadas de un ajuste por inspección. Por lo demás, debemos recordar que en un Estado democrático y eficiente, pagar los impuestos implica contribuir a una mejor calidad de los servicios que este brinda –entre otros, salud, seguridad, educación, infraestructura, jubilaciones y justicia– y ayudar a los que menos tienen.

Por último, un consejo experto: ¡a peinarse, que todos salimos en las fotos del fisco!

Impuestos a las ganancias y a los bienes personales

Muchos contribuyentes no distinguen entre el *impuesto a las ganancias* y el *impuesto a los bienes personales.* Algunos creen que se trata de un solo tributo. Veamos las diferencias.

- **Impuesto a las ganancias.** Es anual. Para las personas de existencia física, abarca el período comprendido entre el 1 de enero y el 31 de diciembre. Para las personas de existencia jurídica, esas fechas pueden variar. Todas las operaciones generan un hecho económico que se manifiesta en la declaración jurada del impuesto, por lo que resulta de suma importancia hacerse oportunamente de la **documentación correspondiente**. Evitemos complicaciones futuras.
- **Impuesto a los bienes personales.** Se basa en una "foto" del patrimonio del contribuyente al 31 de diciembre de cada año. Los datos expresan el valor de mercado a esa fecha, a diferencia de la valuación de los bienes declarada para el impuesto a las ganancias, que toma los valores históricos. Esta es la razón por la que se trata de dos declaraciones juradas diferentes.

CAPÍTULO 19

LA PLANIFICACIÓN MÁS ALLÁ DE LA VIDA

La idea no es vivir para siempre,
es crear algo que sí lo haga.

Andy Warhol

En la Argentina, cuando una persona con bienes a su nombre fallece, debe darse comienzo a un conjunto de trámites legales y/o judiciales sucesorios. Nuestro sistema legal sigue el esquema de la sucesión basada en la persona, que implica –a grandes rasgos– identificar y jerarquizar el derecho de los herederos del fallecido (herederos forzosos y/o legítimos) en relación con los bienes que eran de su propiedad.

Las sucesiones pueden ser *ab intestato* (cuando el fallecido no dejó testamento) o testamentarias (cuando hay testamento). "Testar" significa hacer testamento; a la vez, refiere a la posibilidad legal de efectuar disposiciones de última voluntad siempre que no se afecte la parte legítima que corresponde obligatoriamente a los herederos forzosos. Hay que aclarar: esa parte legítima es una porción de la herencia que, por ley, es indisponible por voluntad de las partes.

Veamos algunos consejos para una *sucesión planificada,* la herramienta que protege el patrimonio personal y el futuro de los negocios de la persona fallecida.

La planificación sucesoria

Las estrategias solucionan problemas. Los objetivos claros conducen a estrategias eficaces. La planificación sucesoria es el proceso que permite abordar una correcta estrategia patrimonial y personal teniendo en cuenta la certeza de la muerte.

El siguiente análisis busca desarrollar el mejor plan para la transmisión del patrimonio y las rentas luego del fallecimiento, con el objetivo de disminuir importantes costos sucesorios, ahorrarse trámites engorrosos, evitar que se interrumpa la libre disponibilidad de bienes o rentas, asegurar la distribución exacta o deseada del patrimonio, y preservar la fortuna de la familia en los traspasos generacionales.

Muchas personas tratan de no pensar en lo inevitable o se convencen de que nunca sucederá. Pero la realidad es que, si la herencia no se planifica, las familias quedan expuestas a costosos y largos trámites legales, al tiempo que la ley decide por quien no se ocupó de hacerlo en su momento. La planificación permite definir de antemano situaciones particulares, dejando expresada la voluntad en un documento (carta de intención). Con la planificación, por ejemplo, se puede:

- Evaluar qué inversiones discontinuar en caso de un siniestro (por ejemplo, si tenemos un negocio y falta el *motor* principal [la persona "clave" con el expertise para llevar adelante dicho negocio de una manera eficiente] es preferible venderlo o discontinuarlo a mantenerlo generando pérdidas).
- Expresar la intención sobre qué hacer en relación con los hijos menores o familiares discapacitados.
- Designar asesores a quienes recurrir en caso de contingencia (debe ser una persona idónea y de confianza, que colabore con la ejecución del plan trazado

antes del siniestro; pueden designarse también contadores, abogados y agentes de seguros, entre otros).

Un detalle importante: los integrantes de una familia pueden tener distintos objetivos y expectativas. Por ello, resulta necesario que asesores multidisciplinarios hagan entender a sus asesorados, de la mejor manera, los objetivos y los requisitos antes de proponer la estructura adecuada para ayudar a alcanzar el objetivo en la sucesión y en la planificación del patrimonio y la riqueza familiares.

Ciertas familias se encuentran en la etapa en que tienen que transferir su patrimonio a la siguiente generación. Esta es la oportunidad para planificar la sucesión de modo de ahorrar a los herederos largos, tediosos, costosos y, a veces, conflictivos procesos judiciales.

CAPÍTULO 20

COSTOS DE UNA SUCESIÓN NO PLANIFICADA

En cada país, los trámites sucesorios, así como sus costos notariales e impositivos, son diferentes a los de las demás naciones. A modo ilustrativo, este capítulo presenta el procedimiento tal como se desarrolla en la Argentina, a fin de llamar la atención del lector sobre la magnitud del problema: cada persona puede elegir legar a sus herederos de una manera ya planificada y ordenada... o simplemente como un gran dolor de cabeza.

Una de las mayores ventajas de una sucesión planificada es evitar los enormes costos legales que derivan de su tramitación. Con frecuencia, esos gastos dejan a las familias sin una importante parte de su patrimonio, ya sea porque quien lega la herencia no se informó y planificó o, lo que es peor, sabía de lo que se trataba y no actuó en consecuencia (espero que, luego de leer este libro, no sea tu caso).

Planificación del trámite sucesorio

La sucesión es un proceso judicial y su planificación permite ahorrar tiempo y dinero. Un trámite sucesorio sencillo demanda, como mínimo, aproximadamente seis meses.

Las sucesiones se presumen aceptadas con beneficio de inventario. Eso significa que los herederos solo responderán por las deudas adquiridas por el fallecido hasta la concurrencia de los activos transmitidos, es decir, hasta cubrir el valor de estos. Es decir que pueden renunciar a una herencia si las deudas transmitidas superan en monto al patrimonio neto legado.

En materia impositiva, las sucesiones tributan por el acervo hereditario, constituido por los inmuebles, los bienes muebles registrables y el equivalente al 10% de los dos ítems anteriores en concepto de muebles no registrables y otros bienes. (Un procedimiento similar a este último sigue el impuesto a los bienes personales, que toma un 5% para su base de cálculo.) La suma de los bienes inmuebles, muebles registrables y no registrables conforma la declaración jurada patrimonial que el magistrado interviniente toma como base imponible para calcular los costos del proceso sucesorio. Esos costos se componen de:

- La tasa de justicia (2,2% en la provincia de Buenos Aires y 1,5% en la Ciudad Autónoma de Buenos Aires).
- Los honorarios de los abogados, calculados sobre el acervo hereditario transmitido (entre el 6% y el 20% en la provincia de Buenos Aires, y entre el 8,25% y el 15% en la Ciudad Autónoma de Buenos Aires).

Y en la provincia de Buenos Aires:

- La contribución para la tasa de justicia (equivalente al 10% del 2,2% mencionado).
- Los aportes previsionales sobre los honorarios (5%).
- El impuesto a la herencia (de hasta 23%).

Estos porcentajes se aplican a los bienes transmitidos. Si existe un cónyuge, le corresponde un 50%, entonces se aplicarían sobre el otro 50%. Es decir, se supone que si se trata de bienes gananciales, cada uno ya tiene el 50%, entonces se tributa por el porcentaje de la persona fallecida.

Supongamos que somos los únicos herederos de un patrimonio familiar valuado en 1.500.000 pesos. Los costos asociados al trámite sucesorio realizado en la provincia de Buenos Aires serían los siguientes:

Concepto	Porcentaje	Total
Valuación del patrimonio a heredar	—	$ 1.500.000
Tasa de justicia	2,20%	$ 33.000
Contribución de tasa de justicia	10% (sobre el 2,2%)	$ 3.300
Regulación de honorarios establecida por la Justicia	15%	$ 225.000
Aportes previsionales sobre los honorarios	5%	$ 11.250
Costos sucesorios parciales	18,17%	$ 272.550
Impuesto a la herencia según escala, calculado como el equivalente a: $ 43.281 (fijos) + ($ 1.500.000 - $ 1.000.000) x 5,125%		$ 68.906
Total de costos sucesorios	**22,76%**	**$ 341.456**
Neto heredado: $ 1.500.000 - $ 341.456 = $ 1.158.544		

Si el que fallece hubiera utilizado los seguros de vida para morigerar los efectos impositivos, como herederos, podríamos habernos ahorrado el 22,76%. ¿Cómo podría haberse evitado esto? Como siempre les digo: con educación financiera.

CAPÍTULO 21

CONSEJOS PARA UNA SUCESIÓN FAMILIAR Y PATRIMONIAL PLANIFICADA

Aún muchos consideran que la sucesión es un tema que debe abordarse "en el momento oportuno". Sin embargo, sepámoslo: ese "momento oportuno" llega siempre tarde, cuando la sucesión ya se ha convertido en un trámite costoso y doloroso.

Planificar significa dejar de actuar con una infundada sensación de inmortalidad.

Seis consejos que nos pueden salvar

- *Tengamos un plan.* Debe ser simple y sencillo, claro y bien comunicado. De esta manera, cuando llegue el momento no habrá confrontaciones ni –sobre todo– feas sorpresas.
- *Informemos a la familia acerca del patrimonio familiar y los valores que lo inspiraron.* Es muy importante dar participación a aquellos que heredarán nuestro patrimonio. Puede considerarse, incluso, la elaboración de un estatuto familiar sencillo o una breve y clara declaración de principios, fines y valores.

- *Reunámonos regularmente con la familia para conversar sobre temas patrimoniales relevantes.* En consonancia con esto, en algún momento, conviene asignar explícitamente responsabilidades. Que sea claro para todos quién es responsable de qué.
- *Consideremos y reflexionemos sobre temas de contexto clave.* Entre estos, es imprescindible incluir aspectos económicos, macroeconómicos y de geopolítica que pueden impactar en nuestro patrimonio.
- *Dialoguemos y debatamos en familia sobre la riqueza.* Esto significa crear cultura sobre cómo generarla y el momento de distribuirla.
- *Cuando lo necesitemos, no dudemos en buscar ayuda.* Cuando la idea de planificar la sucesión y/o el patrimonio se nos vuelva imposible, tediosa y/o conflictiva, recurramos a un buen planificador del patrimonio familiar.

Si buscamos establecer qué debe hacerse con el patrimonio que leguemos, las disposiciones de última voluntad son un buen mecanismo. Lo más habitual es testar por escritura pública, es decir, mediante la intervención de un notario y testigos. También podemos hacerlo por testamento ológrafo (escrito, fechado y firmado de nuestro puño y letra), que podremos dejar en custodia de un notario –en sobre cerrado–, hasta el momento en que se informe de nuestro fallecimiento.

Resolver en vida

Existen cuatro alternativas que prescinden, en principio, del proceso judicial sucesorio:

- Previsión y utilización (en vida) de los contratos de donación con o sin reserva de usufructo vitalicio.

- Donación con cargo de renta vitalicia.
- Transferencias patrimoniales vinculadas a otros derechos reales y contratos, cesión onerosa o gratuita de acciones y cuotas partes societarias, cesión de derechos y acciones hereditarios sobre distintos tipos de bienes.
- Constitución de sociedades o similares.

Un instituto jurídico recomendable para la planificación de la sucesión es un fideicomiso adecuadamente estructurado para asegurar que los activos se transfieran a la siguiente generación de una manera ordenada. Entre los principales beneficios al utilizar un contrato de fideicomiso se cuentan:

- La protección de los activos contra un pasivo, imprevisto legal o quiebra.
- La confidencialidad para disponer sobre el legado de nuestro patrimonio con mayor libertad y de acuerdo con nuestros deseos y convicciones personales.
- La atenuación de los efectos administrativos de una eventual e imprevista incapacidad (derivada de un accidente, una enfermedad degenerativa, etcétera), evitando la indisponibilidad de los activos, la iliquidez y la intervención judicial.

> El artículo 3 de la ley 24.441, denominada ley para el "financiamiento de la vivienda y de la construcción", establece que "el fideicomiso también podrá constituirse por testamento, extendido en algunas de las formas previstas por el Código Civil". A su vez, el artículo 1 de la norma prevé que "habrá fideicomiso cuando una persona (fiduciante) transmita la propiedad fiduciaria de bienes determinados a otra (fiduciario), estando obligado el fiduciario a ejercerla en beneficio de un tercero (beneficiario) y cumplido el plazo o la condición del encargo, transferir la propiedad del remanente al fideicomisario".

Si bien en Argentina la utilización de los fideicomisos como herramienta estratégica para planificar la sucesión patrimonial recién comienza, conviene incluir su utilización en el análisis de posibles soluciones. A mi entender, constituye la innovación de la administración patrimonial personal y empresarial.

El origen de su aplicación tiene que ver con personas físicas que, dado su importante patrimonio (que puede involucrar activos de valor variable en el mercado, como inmuebles, bienes muebles, acciones, participaciones en fondos o en empresas, fondos líquidos en diferentes monedas, obras de arte y otros bienes), evalúan la posibilidad de proteger mejor, con esta herramienta, el futuro de sus herederos. Sin perjuicio de ello, los beneficios de la figura se fueron difundiendo y personas de patrimonio más acotado también la empezaron a considerar y, en muchos casos, a utilizar, con fines similares.

Esa creencia o visión de futuro me llevó a introducirme en el estudio de esta figura para utilizarla en beneficio de muchos inversores, familias y empresas. Luego de realizar una especialización en Fideicomisos en la Universidad del CEMA, me uní a la Asociación Argentina de Fideicomisos y Fondos de Inversión Directa, de la que actualmente soy miembro. Allí conocí a una de las personas más capacitadas de Latinoamérica sobre este tema: el doctor Francisco Pertierra Cánepa, quien además de ser presidente de esa asociación es doctor en Dirección de Empresas, MBA del CEMA e ingeniero agrónomo egresado de la UBA. Como profesor, dirige las cátedras de Entrepreneurship y Diseño de Planes de Negocios, de Fideicomisos y Fondos de Inversión Directa, y de Mercado de Capitales.

Por lo expuesto, los invito a profundizar en el tema de la mano de Francisco:

El fideicomiso: un instrumento estratégico para la planificación patrimonial sucesoria en la empresa

Por Francisco Pertierra Cánepa

El fideicomiso para la planificación patrimonial es una excelente herramienta para anticipar y minimizar futuros problemas como:

- La sucesión, ya que la simplifica.
- La definición precisa de procedimientos y reglas en casos de incapacidad.
- El management y la administración de la empresa, de cara a las futuras generaciones, especialmente las familiares.
- La protección de activos y la perdurabilidad de los proyectos en el tiempo, siendo fieles a sus principios fundacionales.
- La protección y la sustentabilidad de las fuentes de empleo y el sostenimiento de las actividades económicas y de las economías regionales.
- La confidencialidad del proceso.

La desaparición física de las personas es una circunstancia de acaecimiento inexorable en nuestras vidas. En consecuencia resulta interesante plantearse que, si bien no podemos planificar el momento de su ocurrencia, sí podemos anticipar sus consecuencias en forma organizada e inteligente, previendo lo que ocurrirá en el futuro con el resultado del esfuerzo de toda una vida. Es decir, con el patrimonio que hemos forjado, sea este grande, mediano o pequeño.

Por supuesto que el objetivo de esta planificación tiene que ver con el modelo mental de quien la proyecta. Dependiendo de ello, podrá resolver naturalmente las cosas y no tomar medidas previsoras, o podrá recurrir a la redacción de un testamento ológrafo o requerir la asistencia de una persona de su confianza para exponer un testamento secreto que será abierto ante escribano público frente a los herederos. Esto es lo tradicional y conocido, pero la buena noticia es que, desde la redacción y publicación de la ley 24.441 en enero del año 1995, en su artículo 3 está contemplado el fideicomiso testamentario, el cual, estudiado con criterio de negocios y bien aplicado, puede traer grandes beneficios ante diversas situaciones muy difíciles de contemplar.

En este orden de ideas, cabría tener en cuenta ciertos objetivos, entre los cuales pueden destacarse, a la hora de prever un destino concreto del acervo patrimonial, los siguientes:

- La protección de seres queridos, sean hijos o nietos, personas de confianza o colaboradores.
- Acciones de caridad y/o de responsabilidad social o institucional.
- Preservación estratégica de la empresa hacia el futuro, y su sustentabilidad.
- Cumplimiento de los objetivos fundamentales del fundador de la empresa.
- Preservación de la fuente de empleo de los equipos humanos de la empresa.
- Protección y blindaje de la compañía, tanto respecto de imprevisibles avatares, como de posibles conflictos familiares.

Si bien es cierto que el instituto del testamento ha existido desde tiempos inmemoriales, demostrando ser un muy buen instrumento, la aparición del fidecomiso, con la invalorable posibilidad que brinda de crear nuevos patrimonios, distintos de los originales, produjo un giro copernicano de alto valor estratégico a la mentada planificación. Como se comprenderá, en este novedoso enfoque, la labor y responsabilidad del fiduciario será mucho más compleja y productiva que las esperadas para figuras tradicionales como el escribano, el curador o el albacea.

El fideicomiso testamentario es un instrumento a través del cual el titular de un patrimonio individual que está planificando su futuro imparte un conjunto de instrucciones, previendo su desaparición física, señalando específicamente lo que recibirá cada uno de sus herederos, a través de la creación de un patrimonio nuevo, cuya titularidad será de un tercero de confianza e idoneidad garantizada para quien transmite los bienes. Indudablemente, se trata de un sistema más complejo y completo que un simple testamento, por lo cual no puede ser analizado sin estudiarse previamente el tema a fondo, y contemplando las diferentes situaciones y sus necesidades; tampoco siguiendo un esquema de pensamiento lineal y no adaptado a los cambios de contexto y las evoluciones del ambiente de los negocios. Además, vale destacar que el testamento es un documento estático que solo entra en vigencia una vez ocurrida la muerte del testador, por lo que, al incorporar al análisis una nueva figura, es necesario considerar los tiempos, los escenarios y los objetivos justificativos, para su diseño.

Resulta entonces que, cuando una persona, pensando en sus hijos y/o nietos o ante determinada situación de crisis –o sintomática de futura crisis– en su ámbito familiar o empresarial, decide planificar su futuro utilizando el instrumento de un fideicomiso de estas características, está proyectando la realización de un encargo personal a un administrador fiduciario idóneo y de su estrecho conocimiento, que se obligará a realizar el "encargo en confianza", para manejar dicho patrimonio con un fin específico. Es decir, recurre a un medio o nexo dentro del marco legal, que debe ser fiel y técnicamente apto, para poder cumplir eficazmente su voluntad, lo que hace que no haya transformación de su voluntad, ni incumplimiento del orden jurídico. Esto lo hace a través de un administrador fiduciario que, acorde a la ley, podrá ser una persona física, una sociedad o una institución, la que desarrollará su labor y tendrá la posibilidad, de acuerdo con lo convenido, de cobrar los honorarios previamente pactados. La ley en Argentina es muy amplia respecto de quién puede ser fiduciario, por lo que debe quedar muy en claro la conveniencia de elegir para esta función a quien pueda demostrar responsabilidad profesional y experiencia práctica en la materia. Por supuesto, el único objetivo y la finalidad del fideicomiso será cumplir la voluntad del "encomendante", entregando a los herederos beneficiarios el producto del patrimonio así administrado. Para concretarlo, las partes celebran un contrato de fideicomiso, cuyo fiduciario será responsable de administrar los bienes con diligencia, como buen hombre de negocios, y acotado a lo indicado en los términos y las condiciones del contrato.

Analizando esta alternativa, vemos que una de las ventajas fundamentales del fideicomiso testamentario es que mientras viva el testador, tendrá libertad para disponer del patrimonio que haya involucrado en el proyecto, así como también modificar la lista de beneficiarios. Esta es una cuestión de vital importancia a considerar, respecto del testamento tradicional.

La transmisión de la propiedad tiene dos momentos; en el primero se transmite a una persona para que ejecute el encargo, y cumplido este paso, un segundo momento en el que la propiedad es transferida a un tercero designado en el contrato. Usualmente el diseño tiene, como motivo subyacente, el ocuparse concretamente de los beneficios correspondientes a menores de edad o incapaces en caso de muerte de sus padres, nombrando a un administrador fiduciario para que gestione, proteja y asigne, a su mejor saber y entender, los activos incorporados al nuevo patrimonio creado, a los fines de cumplir la voluntad de quien los ha cedido.

Con el avance de las interacciones económicas de las comunidades de negocios se generan situaciones particulares y necesidades estratégicas que, con la difusión de la figura como solución alternativa, generará un enorme interés en el ámbito del mundo empresarial. Llegado un determinado momento en la curva de crecimiento de una empresa, en muchos casos el fundador, tras un análisis racional y objetivo de la organización y del tipo de liderazgo ejercido, confirma la convicción de tener serias dudas sobre la capacidad de sus herederos, tanto para la defensa competitiva como para la administración exitosa y sustentable de la empresa, manteniendo con fidelidad sus objetivos fundacionales. Esto le genera una fuerte incertidumbre sobre el futuro de los proyectos que involucran su patrimonio, lo cual también podría incluir –como preocupación– incertidumbre sobre el futuro bienestar de los recursos humanos de la empresa –y sus familiares–. Las dudas sobre la capacidad de los sucesores no solo tienen que ver con su falta de idoneidad, capacitación o habilidades, sino también con el desarrollo de potenciales escenarios de crisis, la irrupción en la gestión de la empresa de cónyuges, o con que los futuros responsables son menores de edad o muy jóvenes, con la consiguiente falta de experiencia práctica en la conducción empresarial cotidiana.

Este novedoso análisis implica el diseño y uso de los instrumentos en forma complementaria, como es el caso del testamento y el fideicomiso, en la planificación familiar del patrimonio, objeto futuro a transmitir a los herederos. Para esto, se podría disponer a través de un testamento de parte de los bienes del patrimonio del eventual causante, los cuales activarían el fideicomiso al momento de ocurrir la muerte del testador, pero con la ventaja de contar con un contrato de fideicomiso establecido en vida, lo que permite planificar y controlar los fines y la administración del fideicomiso, acorde a los objetivos planteados por el fiduciante.

También podría resultar adecuado, según los casos, plantearse el diseño de un fideicomiso de administración y testamentario, con la cláusula gatillo generadora de la acción testamentaria, por lo cual en vida del interesado, en su calidad de fiduciante, se lograría la adecuada administración de los activos que este desea que sean objeto de la herencia, los que incluso podrían generar ganancias; entonces, habría un incremento patrimonial, pero sabiendo que ocurrida la muerte, se encuentra precisado en el contrato quiénes, en qué porcentajes y con qué objetivos recibirán los activos del patrimonio incluido en el fideicomiso, según la voluntad manifestada por el testador fiduciante.

Lo que es indudable, desde un enfoque de negocios, es que esto otorgaría mayor sustentabilidad a los proyectos de la economía real y aumentaría la certeza de los inversores, ya que fortalecería los proyectos al dejarlos a salvo de las necesidades coyunturales de sus directivos, sirviendo también para asegurar la existencia de fondos para solventar la educación de hijos y/o nietos y la protección, justa y digna, de los incapaces.

Además, este tipo de fideicomiso, que presenta importantes ventajas al evitar un proceso sucesorio, siempre que sea estudiado y diseñado correctamente, podría minimizar el efecto de tasas como la de justicia y determinados impuestos, con la transferencia de bienes generadores de ingresos al fideicomiso; así como cuentas de inversión o alquileres, dado que el fideicomiso es gravado sobre los ingresos en lugar de que estos se graven personalmente. También puede haber puntos de análisis sobre el impacto de las diferentes categorías impositivas, por la acción de administradores profesionales que logren mejores resultados con la inversión de los activos del portfolio.

Lo que resulta fundamental, a la hora de pensar en el diseño futuro de los proyectos y su patrimonio, es focalizarse en los objetivos del propietario del patrimonio, analizar las distintas alternativas, y consultar con profesionales idóneos en la utilización del fideicomiso en estas áreas, teniendo en claro que se deben respetar algunos puntos centrales, como:

- El régimen de las legítimas.
- El de incapacidades para suceder.
- La imposibilidad de poner gravámenes o condiciones a las legítimas.
- La prohibición de las sustituciones fideicomisarias.

A modo de resumen, podemos reafirmar algunos puntos que deben ser considerados de antemano para evitar equivocaciones o interpretaciones erróneas:

- Al ser un planteo de carácter estratégico para la sostenibilidad de la empresa, debe ser diseñado exclusivamente con ese espíritu, atendiendo los objetivos fundacionales y con el mejor asesoramiento profesional.
- La aplicación de la figura de este tipo de fideicomiso tendrá como sentido fundamental ser una alternativa superadora por su flexibilidad y valor estratégico, respecto de los instrumentos tradicionales y de uso generalizado.
- No es válido un fideicomiso testamentario sobre todos los bienes de la herencia. Si existen herederos forzosos, el fideicomiso solo puede establecerse sobre el porcentaje de libre disposición, lo que implica no vulnerar la herencia legítima.
- Lo que sí debe considerarse con especial atención a la hora del diseño son los bienes que están involucrados en proyectos de la economía real, y que por lo tanto constituyen una unidad con sentido productivo.
- El fideicomisario es un sucesor del testador, por lo tanto, el fideicomiso testamentario realizado a fa-

vor de quien es incapaz de recibir por testamento es nulo. Como bien explican los especialistas jurídicos, los acreedores del heredero forzoso, si fue afectada la legítima de su deudor por la constitución del fideicomiso, pueden subrogarse en las acciones del legitimario.

- Los acreedores del heredero no forzoso que es beneficiario de un fideicomiso solo pueden ejercer sus derechos sobre los frutos de los bienes fideicomitidos.
- Pero siempre, en este tipo de fideicomiso propuesto, se debe prestar especial atención a los objetivos que se planteó quien decidió recurrir a esta figura para no correr, entre otros riesgos, el de las sustituciones fideicomisarias.

Finalmente, queremos transmitir que este novedoso enfoque avanza sobre lo tratado hasta ahora en fideicomiso testamentario, aprovechando las posibilidades sobre planeación patrimonial que genera la interpretación del nuevo Código Civil en Argentina, y tiene como objetivo central poner nuevamente el fideicomiso al servicio del desarrollo económico empresarial y la mayor equidad social, dando un aporte de valor estratégico superador del uso del fideicomiso convencional durante la vida de las personas y del fideicomiso testamentario previsto en la ley 24.441.

En consecuencia, auguramos y pronosticamos una etapa de auge creciente en su aplicación en la Argentina, dadas las bondades de la figura para la sostenibilidad en el tiempo de los proyectos empresarios de la economía real, pero también en Latinoamérica, donde asegurar las pequeñas y medianas industrias es una de las claves para el desarrollo social, equilibrado y solidario de las naciones.

Para eso, consideramos adecuado el enriquecimiento del planteo elaborado con el aporte de la comunidad científica especializada, y el estudio particular de cada caso, para que, como siempre debe ser, se logre comprender que el fideicomiso es un diseño "a medida de cada negocio", y que, por lo tanto, no es posible ni conveniente la copia de contratos y el diseño *en línea*, pues es un camino de corto alcance que solo lleva a la generación de mayores costos ocultos.

Para ampliar sobre el tema, recomiendo el libro del autor: *Fideicomiso y negocios. El valor estratégico del fideicomiso para los negocios productivos.* (Alfaomega, Buenos Aires, 2014) [illegible] que [illegible] comprender que en todo caso [illegible] medida de cada [illegible] que, por lo tanto, no es posible [illegible] la copia de contratos y el diseño [illegible] alcance que solo [illegible].

[illegible] Para ampliar sobre [illegible] recomiendo el libro del autor [illegible] Buenos Aires, 2014).

CAPÍTULO 22

LA SUCESIÓN EN LA EMPRESA FAMILIAR

Cada generación tiene la responsabilidad de aportar al negocio su propia visión de lo que este será en el futuro.

Samuel Curtis Johnson

Si los hijos eligen continuar el negocio de la familia, será fundamental guiarlos para transmitirles los pilares esenciales del éxito de cualquier emprendimiento: la pasión, la capacitación constante y el espíritu de sacrificio.

> Para que tus hijos comiencen a valorar lo que tienen y lo que tendrán, bríndales el derecho a involucrarse en la empresa y a equivocarse: la realidad será el mejor posgrado que puedan cursar.

La sucesión en las empresas familiares se ha convertido en un tema de creciente interés en todo el mundo, debido principalmente a los obstáculos que los herederos encuentran a la hora de asumir el rol de liderazgo que ha quedado vacante. Por eso, más que conveniente, resulta imprescindible que quien sepa que legará a sus descendientes una empresa no solo se ocupe de dejar ordenadas las cuestiones patrimoniales.

En primer lugar, es aconsejable que los futuros herederos hagan una experiencia sana dentro de la empresa, comenzando por tareas básicas y apostando a la meritocracia como vehículo para crecer en el negocio. No deben asignarse posiciones a quienes no estén preparados para asumir las responsabilidades que el puesto demanda. Los cargos "ganados" por ser el hijo del o los dueños no solo constituyen una experiencia perjudicial para el futuro heredero sino también para la empresa. Además, la situación suele generar malestar entre los empleados de mayor experiencia, quienes probablemente se sientan desmotivados y hasta frustrados.

> Desde luego, las diferencias generacionales crean discrepancias culturales, en ocasiones, abismales. Da lugar a opiniones nuevas. Escucha a los jóvenes y alienta que ellos te escuchen a ti.

Cuando los herederos son varias personas con el mismo derecho –por ejemplo, dos o más hijos, o sobrinos, o hermanos–, el mérito es la mejor medida para elegir al sucesor. Esto alienta y premia el esfuerzo, el compromiso, la excelencia en el desempeño y la búsqueda de resultados.

Una vez que una persona haya elegido a su sucesor, debe ajustar su planificación financiera personal y dejar de contar esa empresa como parte de su patrimonio. Así es. Cuando elegimos al sucesor, debemos actuar como si ya nos hubiese sucedido. La planificación financiera, pensada y puesta en práctica tempranamente, sirve para llegar al momento de ser sucedidos con una estructura financiera suficiente como para prescindir de ese activo que estamos legando. Nada será más gratificante que acompañar, apoyar y estar presentes en ese momento.

> El aprendizaje es un proceso que depende en buena medida del ensayo y el error. Busca el equilibrio. Deja que sus sucesores aprendan y toleren que se equivoquen... Desde luego, del modo más barato posible.

¿CÓMO INICIAR A LOS NIÑOS EN EL MUNDO FINANCIERO?

Elaborado con la colaboración de Mariano Otálora
(director ejecutivo de la Escuela Argentina de Finanzas Personales)

Sabemos que hablar de dinero no es fácil. Con nadie, y menos con nuestros hijos. Pero, al ser un tema "tabú", como tantos otros, debes intentar vencer ese prejuicio y afrontar de la mejor manera posible este desafío.

Antes de introducirnos en cómo iniciar este aprendizaje conjunto entre padre e hijos, podríamos remarcar un detalle no menor. Generalmente se educa con el ejemplo, y para transmitir consejos sobre educación financiera a los más chicos debemos ser mínimamente ordenados y coherentes con lo que decimos ya que ellos crecerán, se darán cuenta de las falencias que tengamos y ahí vendrá el tan mentado revés: "¿Por qué tengo que hacer eso si tú no lo haces?".

El ejemplo es el mejor camino para enseñarles a tus hijos cómo manejar el dinero. Lo sabemos: ellos imitan lo que ven y escuchan. Por eso, si observan que ahorras, que trabajas mucho para conseguirlo y que te manejas con prudencia en los gastos, seguramente tiendan a hacer lo mismo.

Sobre todo en aquellas familias que no tienen totalmente asegurado su futuro financiero, se debería tomar un recaudo importante en lo referido al dinero. Hay que pensar en lo que representa financieramente la manutención de un hijo (alimentación, salud, vestimenta, educación, actividades extracurriculares, etc.) y tratar de cuantificarlo, por lo menos hasta que el niño cumpla 18 años, que en teoría es cuando termina sus estudios secundarios y podría comenzar su vida laboral sin quemar etapas.

La pregunta es: ¿cómo asegurar que todas las necesidades de esa criatura se cumplan aun ante los hechos más desafortunados? En seguros sobre las personas existe lo que se denomina "cobertura de renta familiar", que garantiza, ante un siniestro por el cual se extinga la renta del hogar, el cobro de una suma mensual por la cantidad de años contratados. Por ejemplo, teniendo un hijo de 2 años, la persona que genera la mayor renta del hogar, sea el hombre o la mujer, puede contratar un seguro de renta familiar por 2 mil dólares por mes (pagado y cobrado en pesos, pero con el valor de referencia del tipo de cambio oficial para cubrirnos de la inflación o devaluación), con el objetivo de que, en el caso de que esa persona se invalide o fallezca, pueda cobrarse dicha suma por 16 años (hasta que el hijo cumpla 18). De esa manera nos aseguramos de que nuestros hijos dispongan del dinero necesario para una manutención y educación adecuadas, independientemente de las piedras que el destino pueda poner en la vida de la familia.

De esa forma, ya dimos el primer paso, educamos con el ejemplo, y cuando crezcan podrán ver que pensamos en ellos y teníamos todo (o casi todo) medianamente controlado.

Lecciones desde el comienzo

Si le preguntamos a un niño de dónde cree que sale el dinero, dará múltiples y desopilantes respuestas, pero con seguridad (y algo de inocencia) responderá cosas como estas:

- De un cajero automático.
- De la tarjeta de crédito.
- Lo regalan los Minions.

La realidad es que están muy acostumbrados a acompañar a sus padres al banco y ver cómo, ¡por arte de magia!, conseguimos los billetes. Así, todo parece muy fácil en ese mundo maravilloso de botones y puertitas que se levantan para darte una solución inmediata.

Es difícil, pero de a poco hay que ir dándoles la bienvenida al mundo real. Porque hay que tener muy en claro algo: la mejor forma de guiarlos y ayudarlos para que puedan tener un buen futuro es –además de darles todo el amor que necesiten, transmitirles valores, educarlos y cuidarlos– explicarles cómo funciona el universo del dinero.

¿Sabes por qué muchos padres se niegan a hacerlo? Simple: porque no tienen ni la menor idea de cómo manejarse bien financieramente ellos mismos. Y no olvidemos que lo que hacen los hijos es, en general, un reflejo de lo que hacen los padres.

Por eso, siempre es muy importante charlar con ellos, contarles cuánto esfuerzo hay que hacer para ganar el sueldo, que –aunque salga del cajero– la plata tiene un límite y que hay que ser organizados en su manejo y tener control al momento de gastarla. Parece complicado, ¿no? Bueno, no lo es tanto. Veamos.

Cinco preguntas frecuentes

¿En qué momento *me conviene hablar del tema?* A veces, forzar las conversaciones no tiene buenos resultados. Por eso, lo ideal es aprovechar situaciones concretas, como cuando retiras dinero del banco, haces una compra en el supermercado, planeas la fiesta de cumpleaños en el pelotero, revisas los resúmenes de tarjetas de crédito, etc.

¿A qué *edad de mis hijos puedo comenzar?* Los tiempos cambiaron. Tengo una hija de 2 años que me deslumbra día a día por cómo responde a los estímulos. Por cómo habla, las conclusiones que saca y las explicaciones que reclama. Siempre es bueno apuntalar los valores. De los 2 a los 4 años es quizás cuando se refuerza más el tema de que cuiden las cosas, que cuesta comprarlas, que hay nenes que no las tienen, y cosas por el estilo. Desde que tienen 5 o 6 años se podría comenzar a profundizar en cuestiones más concretas relativas al dinero. Lo importante es hacerlo de manera clara, de frente y con honestidad. Además, también es bueno que en ese momento ya empiecen a manejar sus pesitos, que los usen para darse algún gusto (por no decir "capricho") y que entiendan la importancia del ahorro. También, que empiecen a manejar el tema temporal: no darles permanentemente, sino que vean que si tienen dinero y lo gastan rápidamente, por un tiempo determinado no van a volver a poder darse otro gusto.

¿Debemos premiarlos por ayudar *en las cosas de la casa*? Esta es una cuestión delicada. Es bueno estimular a los chicos (¿a quién no le gusta recibir un plus de vez en cuando?) pero hay que tener cuidado y no recompensarlos cuando –simplemente– hacen lo que les corresponde. Darles dinero porque hicieron su tarea, pusieron la mesa o arreglaron el cuarto no es lo más indicado. Lo que conviene es dejar bien en claro la diferencia entre las que son sus obligaciones y las que no lo son y, en esas ocasiones, sí darles un incentivo.

¿Cómo enseñarles a ahorrar? La cuestión no es solo darles dinero a tus hijos sino, además, enseñarles cómo manejarlo y –si es posible– ahorrar algo. Por ejemplo, si les das 200 pesos, puedes explicarles que deben guardar 50 pesos para algo que quieran o necesiten en el futuro, 40 pesos para ayudar a alguien que lo necesite (¡la solidaridad siempre es un

buen mensaje!), y que los 110 pesos restantes los pueden usar o disfrutar como quieran. Otra opción interesante es, si está dentro de tus posibilidades, duplicarles, cada tanto, lo que ellos lograron ahorrar.

Es ideal que los chicos tengan autonomía con el dinero y piensen –y elijan– cómo gastarlo. Eso sí, siempre con la supervisión de los padres. Es un buen aprendizaje para ellos que tomen decisiones, se equivoquen, compren cosas que no necesitan o que las paguen más caras que lo usual. La idea es que así, también, puedan empezar a ser consumidores responsables e inteligentes.

UN POCO DE RESPONSABILIDAD

Una manera de estimular la relación dinero/responsabilidad es mediante una *semanalidad*, es decir, entregarles sumas de dinero semanales para que ellos administren algunas cuestiones, con un monto de dinero que, obviamente, va a variar según la edad. Ahora bien, estos pagos que les hagas a tus hijos no tienen por qué representar un gasto extra para tu bolsillo. La idea no es solo repartir plata sino transferirles a ellos algunas responsabilidades en el manejo del dinero. ¿Cómo? Pueden, por ejemplo, comprarse algún jueguito de la *Play* que les guste o, si son más grandes, afrontar los gastos de su celular con su mensualidad. Ponerles algún objetivo simple, para que adopten el compromiso de administrar ciertos gastos propios.

¿Cómo educar con el ejemplo? Es esencial transmitirles valores a tus chicos. Sí, esa palabra hoy –paradójicamente– desvalorizada, se convierte en una guía fundamental a la hora de encarar este tema. Lo importante es que entiendan que el dinero es para utilizarlo para su propio bien y para ayudar a los demás, que quienes tienen mucho no son mejores que otros y que hay cosas –como el amor, el respeto y la amistad– que no se pueden comprar ni tienen un precio. Siempre hay que recordarles:

- El dinero no es algo ilimitado, y cuesta mucho ganarlo.
- No podemos comprar todo lo que queremos, existen prioridades, y hay gustos que a veces podemos darnos y a veces no.

- Es fundamental ahorrar, para afrontar alguna necesidad que pueda surgir.

Conductas a inculcar según la edad

Desde los 5 años. Es el momento ideal para regalarles una alcancía y explicarles sobre la diferencia entre querer y necesitar algo. Ayudarlos a juntar dinero para comprar cosas que desean y contarles que no pueden tener todo lo quieren cuando lo quieren, sino que algunas cosas las conseguirán cuando puedan juntar el dinero suficiente para comprarlas.

Entre los 6 y los 9 años. Se puede comenzar a recompensarlos por hacer tareas "extraordinarias" en el hogar (que no sean sus obligaciones habituales) y ayudarlos a fijar metas de ahorro. Por ejemplo, en verano, podrían ayudarte a cuidar el jardín o a cortar el césped y así lograr una paga adicional.

Entre los 10 y los 12 años. A esta altura, es conveniente que comiencen a diferenciar entre ahorrar e invertir. Es un buen momento, entonces, para hacerles entender cómo funciona una cuenta bancaria y que por fin abandonen la alcancía que, seguramente, tienen bien escondida en su cuarto. Una buena opción es abrirles una cuenta –a nombre de los padres, por supuesto– para que ellos puedan depositar su dinero y aprendan a manejarse con la tarjeta de débito.

Entre los 13 y los 15 años. ¡Ya están listos para tener su tarjeta de crédito! A partir de los 13, muchos bancos permiten emitir extensiones de tarjetas a nombre de los hijos. Lo ideal es explicarles cómo funcionan y que no deben gastar más de lo que pueden pagar.

Desde los 16 años. Bien, tus hijos ya cuentan con toda la información necesaria y experiencia como para comenzar a invertir y, en muy pocos años, tomar decisiones más importantes, como firmar su primer contrato de alquiler, comprar un auto o pagar la cuota de la universidad con sus propios ingresos.

Transmitirles a tus hijos la importancia de ser prudentes con el dinero, de ahorrar e invertir correctamente, relacionando la inversión con objetivos futuros de vida, es uno de los mensajes más importantes que les puedes dejar. Muchas veces, creemos que la mejor educación es la que se paga o la que se delega en la escuela, pero te puedo asegurar que lo que enseñan los padres a sus hijos es de un valor incalculable. En definitiva, no es el dinero lo que trasciende a las generaciones, sino el amor, las enseñanzas y los legados.

PARTE III

COMENZAR A CONSTRUIR

OBJETIVOS QUE BUSCAMOS AL INVERTIR:

- Preservación del capital
- Obtención de una renta
- Apreciación del capital
- Inversión de flujo o de stock

CAPÍTULO 23

LA AVENTURA DE UNIR INSTRUMENTOS CON OBJETIVOS

Sepa siempre qué es lo que está haciendo en todo momento,
ahí se encuentra el verdadero poder.

Donald Trump

Con todas las coberturas necesarias y después de tener analizado y ejecutado nuestro plan financiero integral (PFI), llegó el momento más deseado: el de monitorear nuestro plan y pensar en invertir. Si bien ya no será una acción deliberada, puesto que a esta altura tendrás tus objetivos de corto, mediano y largo plazo proyectados y cuantificados, es conveniente que en tu estrategia *ates* instrumentos o activos con objetivos, para focalizar de una manera más eficiente su cumplimiento.

Muchos piensan que hay millones de rubros en los que invertir, y tienen razón. Hay diversidad de instrumentos y de herramientas. Pero, para simplificar el análisis, vamos a agrupar las inversiones en cuatro grandes rubros:

DÓNDE INVERTIR

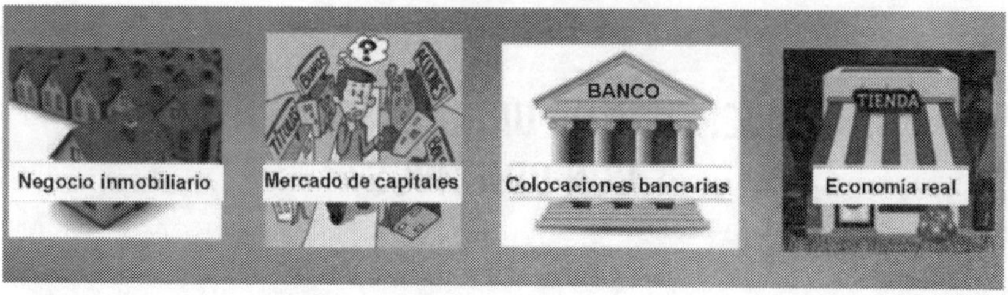

Quiero mostrarte dos caminos que conducen al mismo lugar, pero de maneras diferentes.

- Invertir en ideas, desarrollos o productos de terceros (negocio inmobiliario, mercado de capitales o colocaciones bancarias).
- Invertir en la economía real y ser un emprendedor, empresario o profesional exitoso, desarrollando tu propio negocio.

Los caminos no son excluyentes. Se pueden recorrer al mismo tiempo, pero para uno, el de ser emprendedor, necesitarás más bases.

Estas cuatro alternativas de inversión, con distintas variantes, sirven como vehículo para alcanzar tus objetivos.

Por ejemplo, uno puede ingresar al negocio inmobiliario por medio de alguna de las siguientes acciones, entre otras:

- Compra de tierras, campos o lotes.
- Compra de cocheras para autos.
- Compra de camas náuticas.
- Compra de casas, departamentos o edificios.
- Compra de oficinas.
- Compra de habitaciones de hoteles.
- Compra de propiedad compartida.

En lo que respecta al mercado de capitales los instrumentos más utilizados son:

- Renta variable:
  - Acciones.
  - Índices.
  - *Exchange trade found* (ETF).
  - Fondos comunes de inversión (se puede ingresar también vía bancos).

- Renta fija:
  - Títulos públicos.
  - Obligaciones negociables.
  - Cheques de pago diferido.
  - Fideicomisos financieros.

En cuanto a colocaciones bancarias podemos hablar de:

- Cajas o cuentas de ahorro.
- Depósitos a plazo fijo.
- Letras de los bancos centrales.
- Fondos comunes de inversión (se puede ingresar también vía mercado de capitales, bajo un agente compensador y liquidador).

Si uno piensa en negocios de la economía real, lo hace como emprendedor, como profesional o como empresario. Es quizás el segmento más difícil de las inversiones, ya que se invierte en un proyecto propio; la persona va a necesitar bases sólidas para construir sobre ellas los pilares de su éxito.

No es el espíritu de este libro ingresar en los pormenores de cada instrumento. Me propongo mostrar cuestiones clave de los diversos segmentos, y ampliar sobre el final el tema de los emprendedores y el desarrollo de los negocios.

Te invito a acompañarme en la recta final del viaje de InvertArte.

CAPÍTULO 24

LA FÁBRICA DE RENTAS

El camino hacia la riqueza depende fundamentalmente de dos palabras: trabajo y ahorro.

Benjamin Franklin

El objetivo de cualquier persona, en términos financieros, debería ser lograr la independencia económica. Esto no significa ser autónomo o independiente sino poder reunir un capital que genere un flujo de efectivo que permita vivir sin necesidad de trabajar. No se trata de incentivar la vagancia sino de crear la oportunidad de trabajar en cosas que a uno le gusten, sin presión económica.

¿Cuántos atletas, pintores, escritores y músicos quedan en el camino por tener que trabajar de lo que se les presente, sin la posibilidad de ganarse la vida utilizando su talento? De hecho, durante años, postergué la escritura de este libro porque para hacerlo debía quitar tiempo a mi jornada laboral. Es decir, no encontraba tiempo porque debía trabajar para generar ingresos, crear negocios y desarrollar emprendimientos. Ahora que estos producen un flujo de efectivo, puedo disfrutar de un nuevo proyecto que me apasiona: la escritura.

En suma, ¿de qué se trata todo esto? De resolver un grave problema muy común: cuando lo urgente desplaza lo importante.

Tres pasos para abrir tu fábrica de rentas

> Acumulación es la estrategia de asignación de ingresos para adquirir activos, a la mayor tasa de rendimiento aceptable posible, para cumplir nuestros objetivos.

¿Cuáles son las formas de aplicar ingresos para alimentar fuentes generadoras de rentas? La adquisición de activos vinculados a la actividad profesional, la adquisición de activos no corrientes que generen renta y la adquisición de activos corrientes para tener liquidez. Vamos a analizarlas juntos.

Adquisición de activos vinculados a la actividad profesional. Con nuestro trabajo buscamos, ante todo, un ingreso permanente y periódico. Como segundo objetivo, perseguimos la apreciación del capital, ya sea humano o de la inversión.

Quienes se desempeñen como profesionales independientes o trabajadores en relación de dependencia deben invertir en educación constante a fin de incrementar sus habilidades y su valor como recursos humanos. Quienes sean empresarios deben reinvertir en su empresa para hacerla cada vez más competitiva y rentable. A esto puede agregarse generar una actividad alternativa, por ejemplo, la compra-venta de bienes.

Adquisición de activos no corrientes que generen renta. Tradicionalmente, esto se identificaba con la adquisición de propiedades. Pero el fuerte arraigo de una práctica cultural no prueba que sea la mejor opción. En la Argentina se compran departamentos siguiendo la conducta de muchos otros que, oportunamente, se refugiaron en ese tipo de inmuebles para hacer producir su capital. Sin embargo, pocos toman en cuenta que actualmente la rentabilidad de un alquiler ronda el 5% anual bruto, a lo que habría que descontar el mantenimiento del inmueble.

¿Qué alternativas más rentables que la compra de inmuebles existen actualmente en la Argentina? En primer lugar, cabe mencionar la compra en cuotas, en pesos y a tipo de cambio oficial, de lotes en barrios privados *premium*, *condohoteles* (compra indivisa de una parte de un complejo turístico, por lo general, de habitaciones en un complejo hotelero), y camas náuticas o cocheras para automóviles (estas brindan una buena posibilidad de incremento de valor y hasta una renta periódica).

> Durante un experimento, se encerró a seis monos en una jaula. En el centro, se ubicó una escalera que permitía llegar al techo de la jaula, donde colgaban unas bananas. Cuando los monos intentaban subir la escalera para comer las bananas, una manguera los mojaba. Más tarde, se sacó de la jaula a uno de los monos y se lo reemplazó por otro. Cuando este quiso subir la escalera, la manguera entró en acción y mojó a todos nuevamente. Por último, se reemplazó nuevamente a uno de los monos por otro que nunca había estado en esa jaula. El nuevo, apenas vio las bananas, se abalanzó sobre la escalera para alcanzarlas. Sin embargo, no lo logró: sus compañeros de jaula se lanzaron sobre él y se lo impidieron golpeándolo con gran violencia. Los simios actuaron por costumbre, sin evaluar otras opciones. Respecto de nuestro patrimonio, evitemos la costumbre y analicemos siempre las mejores alternativas. No nos comportemos como monos.

Otros activos interesantes son los relacionados con el concepto de *senior living*. Son departamentos en condominios creados para la tercera edad que permiten a personas retiradas mantener la independencia de su vivienda, compartiendo espacios comunes con coetáneos y contando con los cuidados que su salud requiera. Se trata de una alternativa con mucha aceptación, ya que permite a personas mayores vender la "casa grande" donde creció la familia y, por ese valor, adquirir dos propiedades, una para vivir y otra para que le reporte una renta.

En el caso de optar por la compra de lotes, habitaciones, camas náuticas, cocheras o departamentos, sugiero seguir las siguientes recomendaciones.

- Elijan bien el desarrollador (empresa que respalde los fondos) y presten atención a cuáles son los estudios de arquitectura y demás profesionales que llevarán adelante el proyecto.

- Averigüen si el desarrollador aportará fondos para el avance de la obra o si es un proyecto a preventa. Recuerden que, en este último caso, si no se vende, la obra no avanzará y, por lo tanto, su inversión podría quedar inmovilizada más tiempo que el razonable.
- Corroboren la forma jurídica del proyecto. En la actualidad, la figura del fideicomiso es la más adecuada, puesto que se aporta el bien (el terreno) quedando este blindado y protegido dentro del fideicomiso.
- Adquieran a "costo cerrado". Esto significa que las variaciones de precios en el transcurso de la obra son un riesgo del desarrollador, quedando congelado para el inversor el precio pactado al momento de firmar el contrato de compra.
- En la Argentina, compren en pesos. En un contexto inflacionario como el actual, muchos desarrolladores están comercializando sus productos al tipo de cambio oficial. Es momento de aprovecharlo porque, en este mercado, el valor del metro cuadrado históricamente se correlacionó con el valor del dólar.

Adquisición de activos corrientes para tener liquidez. El objetivo es esperar oportunidades de negocios que alimenten nuestra fábrica de rentas o para afrontar situaciones extraordinarias.

Cuando hablamos de esperar oportunidades de negocio, nos referimos a una liquidez medida en cada momento del país. No se trata de guardar los billetes en un rinconcito de nuestra casa.

Por eso, es bueno considerar algunos instrumentos alternativos para protegernos y estar líquidos. A continuación se describen los principales.

- Bonos en dólares: representan una buena oportunidad; en la Argentina, por ejemplo, ante el bajo nivel de endeudamiento, supone un bajo riesgo de que no se paguen y muy buena rentabilidad (suponiendo un acuerdo en el conflicto vigente con los "fondos buitre"). Es importante aclarar: estos instrumentos se adquieren en pesos y se retiran en dólares billete, lo que permite ganar, en caso de que sean pagados, una buena parte de la brecha cambiaria.
- Los bonos privados atados al dólar (*dollar linked*): otra excelente opción para cubrirse de la inflación y ganarle al aumento del tipo de cambio.
- Productos de mediano plazo relacionados con el agro (fideicomisos agrícolas): pueden reportar rentabilidades cercanas al 20% anual en dólares, aunque están sujetos al riesgo de las condiciones climáticas. El valor de los *commodities* y la demanda externa de alimentos (con China a la cabeza) hacen que en los próximos años haya una gran oportunidad de mejorar este segmento. En esta clase de inversión deben corroborar que no se impongan plazos mínimos de permanencia que imposibiliten retirar la inversión durante cierto tiempo.
- Acciones o fondos comunes de inversión: son también una alternativa para lograr liquidez. Por tratarse de activos con mucha volatilidad, solo son aconsejables para entendidos o, en su defecto, para apostar al largo plazo.

¿Qué debemos buscar al invertir?

Las inversiones tienen cinco atributos: seguridad emocional, seguridad jurídica, ingreso, apreciación y ventaja impositiva. Como es muy complicado unir los cinco atributos

> El riesgo de liquidez se define como la posibilidad de no encontrar compradores para un activo que se quiera vender. Esto puede convertirse en un obstáculo en la persecución de negocios o inversiones más rentables. Una de las estrategias para reducir el riesgo de liquidez es diversificar la inversión. Destinar una parte a un activo de rápida liquidez es una premisa de cualquier cartera.

en un mismo activo, debemos buscar una alternativa para ponderar los rendimientos. Esa alternativa es la diversificación.

Por lo tanto, en todo lo que atañe a las finanzas personales y el desarrollo de un mejor bienestar económico, deben tenerse en cuenta dos factores principales: la ganancia o rentabilidad, y los riesgos. Toda inversión se realiza en un escenario incierto. Por esta razón, no solo deben considerarse los beneficios sino que también –y más importante– deben medirse los riesgos. Ese equilibrio entre rentabilidad y riesgo puede lograrse diversificando nuestra cartera.

CAPÍTULO 25

PATRIMONIO DE RICOS Y PASAR DE POBRES

¿Queremos saber si somos ricos o pobres? Evaluemos el flujo de fondos que generamos, no la tasación de los bienes que tenemos.

La primera medida para generar riqueza es tener una conducta de ahorro. Una vez adquirida esa disciplina, es imprescindible aprender a invertir. Algunas personas se enfocan en el volumen que su patrimonio va adquiriendo o ha alcanzado (*stock*). Sin dudas, tener una determinada cantidad de bienes en *stock* es muy importante, aunque no suficiente para evaluar nuestra situación patrimonial: debemos revisar también el flujo de ingresos o flujo de efectivo que ese *stock* nos brinda. No es un tema menor: muchos propietarios de grandes fortunas carecen de un buen flujo de dinero, ya sea porque realizan malas inversiones, porque tienen inmuebles que no logran alquilar, etcétera. Para saber si somos ricos, no nos preguntemos solamente cuánto tenemos sino también cuánto genera eso que tenemos.

Patrimonio, inversiones y flujo de efectivo

Analicemos el caso de dos personas con realidades bien distintas: Claudio y Ariana.

Claudio recibió una herencia familiar de un millón de dólares en la forma de tres propiedades. Debido a su perfil ultraconservador, Claudio hizo siempre oídos sordos a la posibilidad de cambiar la composición de su cartera de inversión ya que, según la idiosincrasia familiar, lo mejor y lo más seguro son las propiedades.

La propiedad más valiosa de su cartera es un campo, ubicado sobre la costa atlántica argentina, valuado en 750.000 dólares. Allí vive Claudio, quien explota una pequeña granja para consumo familiar. Nunca se atrevió a realizar algún desarrollo productivo porque, para él, invertir en eso sería muy riesgoso.

Un segundo inmueble de los heredados por Claudio es un departamento de dos ambientes en el barrio de la Recoleta, en la Ciudad Autónoma de Buenos Aires, valuado en 180.000 dólares. Este departamento, explotado para renta, le reporta mensualmente un ingreso de 675 dólares. El tercer inmueble está ubicado en la ciudad de Lanús, provincia de Buenos Aires. Se trata de dos cocheras, cotizadas en 70.000 dólares, que alquila en conjunto por 158 dólares mensuales.

Claudio vive de su sueldo como empleado público y no piensa cambiar su cartera de inversión porque, más allá del rendimiento, le brinda seguridad y tranquilidad.

Patrimonio de Claudio	Valor	Flujo anual	Rentabilidad
Campo sin explotación	U$S 750.000	—	0%
Departamento en alquiler	U$S 180.000	U$S 8.100	4,5%
Cocheras en alquiler	U$S 70.000	U$S 1.900	2,7%
Total	**U$S 1.000.000**	**U$S 10.000**	**1%**

Ariana, en cambio, no recibió herencia alguna. Si bien es una persona a la que le importa la seguridad de sus inversiones, supo siempre que había riesgos que podía correr si ponderaba distintas rentabilidades en su cartera.

Años atrás, compró dos lotes en un barrio privado *premium.* Dispuso de parte de sus ahorros para pagar el anticipo y terminó de cancelar el saldo en 48 cuotas fijas. Su inversión total original fue de 220.000 dólares. Cinco años más tarde, el emprendimiento resultó un éxito y pudo vender esos terrenos en 450.000 dólares.

Si bien Ariana es chef de profesión, buscó capacitarse en temas de inversiones y finanzas personales. Con estos conocimientos, analizó qué hacer con el resultado de la venta de los lotes, sumado al dinero en efectivo que había ahorrado entre la compra y la venta, y el rendimiento de unos bonos. En total, Ariana reunió 550.000 dólares. Sabía que ese dinero estaba destinado para inversiones, es decir, no contaba con él para sus consumos.

Ariana decidió invertir 150.000 dólares en la compra de una habitación en un renombrado *condo-hotel* cinco estrellas, ubicado en la ciudad de Colonia, Uruguay. Hacía tres años que una de sus mejores amigas había invertido en la misma cadena hotelera y, en promedio, la rentabilidad anual que obtuvo fue del 10 por ciento.

Aconsejada por un asesor financiero, en quien confiaba debido a una relación profesional de más de ocho años, Ariana destinó otra parte de sus ahorros a la compra de acciones de una importante empresa internacional, comercializadora de productos de consumo de primera necesidad, que pagaba en promedio un dividendo anual del 7%. El mismo asesor le propuso adquirir, además, un activo como los que a ella le gustaban: un poco más riesgosos pero no por eso menos seguros, innovadores y acordes al equilibrio que buscaba para su cartera de inversiones. Se trataba de la colocación de parte del efectivo en un bono de una compañía privada de inversiones, que reinvertía en bienes de la economía real y pagaba una tasa en dólares del 12% anual, una inversión *dollar linked.*

Por último, Ariana y su asesor decidieron comprar diez camas náuticas en un complejo muy moderno, ubicado en el partido de Tigre, provincia de Buenos Aires. Las camas serían aportadas para su administración a un *pool* de renta –un tipo de negocio ya probado por familiares de Ariana– con buena ocupación y una rentabilidad que oscilaba entre el 8 y el 9% anual.

Inversión de Ariana	Valor	Flujo anual	Rentabilidad
Habitación en un *condo-hotel* cinco estrellas en Colonia, Uruguay	U$S 150.000	U$S 15.000	10%
Acciones preferidas (dividendo 7% anual)	U$S 50.000	U$S 3.500	7%
Bono compañía privada de inversiones	U$S 220.000	U$S 26.400	12%
Diez camas náuticas	U$S 130.000	U$S 10.114	7,78%
Total	**U$S 550.000**	**U$S 55.014**	**10%**

Revisemos ahora, comparativamente, las decisiones de gestión patrimonial de Ariana y Claudio.

Inversor	Patrimonio (U$S)	Perfil inversor	Rentabilidad promedio anual	Flujo anual (U$S)	Patrimonio proyectado a 10 años (U$S)	Patrimonio proyectado a 20 años (U$S)
Claudio	1.000.000	Conservador	1%	10.000	1.100.000	1.200.000
Ariana	550.000	De riesgo moderado	10%	55.000	1.100.000	1.650.000
Incremento de la riqueza de Claudio					**10%**	**20%**
Incremento de la riqueza de Ariana					**100%**	**200%**

No podemos decir qué opción debería tomar cada uno de nosotros: eso depende de nuestro perfil inversor, del nivel de riesgo que toleramos y de la sensación de seguridad que las inversiones nos brinden. Por lo tanto, si saber de temas financieros es una herramienta fundamental, conocerse a uno mismo es el segundo imperativo para la generación de riqueza.

Sin embargo, este cuadro comparativo nos permite comprender que un mayor *stock* de riqueza no se traduce necesariamente en un mayor flujo de efectivo. Si Claudio y Ariana no tuvieran un salario que destinasen a su consumo, quizás solo Ariana podría vivir de la renta, mientras que Claudio, aun con el doble de patrimonio, no podría hacerlo. Si bien Ariana posee un ahorro equivalente al 55% del de Claudio, por tener un mejor flujo de efectivo, en diez años igualará su riqueza y, en veinte, lo superará ampliamente. Los números hablan por sí solos.

La mejor estrategia de inversión es aquella que nos permite dormir tranquilos. Y cuanto más amplia sea nuestra educación financiera, mejores flujos obtendremos... y más rápido podremos conciliar el sueño.

CAPÍTULO 26

LA VISIÓN INVERSORA

La planificación a largo plazo no es pensar en decisiones futuras, sino en el futuro de las decisiones presentes.
Peter Drucker

Como en una partida de ajedrez, para ganar, hay que planificar y prever la jugada del adversario. Con esta premisa, pensemos un mecanismo de razonamiento que nos permita, siguiendo unos pocos pasos, saber si una visión puede transformarse en un potencial negocio.

Primero, algo básico que, sin embargo, es el principal enemigo de los logros en materia de negocios e inversiones. En muchas personas se encuentra instalado el preconcepto de que solo una idea brillante puede marcar la diferencia. Con frecuencia, eso se traduce en creer que no se está a la altura de generar una idea redituable. Conozco a menudo hombres y mujeres que piensan de esa forma y se subestiman: están convencidos de que la tarea está reservada a los grandes gurús. Por todo esto, lo primero que quiero dejar claro es que todos (todos) podemos desarrollar un pensamiento de inversor. Todos podemos "ver venir la ola". Por supuesto, será después responsabilidad de cada uno tratar de profundizar, investigar, capacitarse o recurrir a un profesional especializado en la materia para que lo ayude a tomar su decisión. En materia de inversiones, lo importante es la idea, la visión y la convicción de que puede realizarse.

De la visión a la acción

El proceso que pone en marcha una decisión de inversión incluye tres pasos sucesivos: el análisis temporal, el análisis macroeconómico y el análisis microeconómico.

El análisis temporal consiste en detectar qué sucesos económicos y sociales se avecinan en el corto y mediano plazo, tanto en la economía local como de la región. El análisis macro busca identificar el objetivo de inversión, nuestra "perlita", medir sus fortalezas y debilidades en el contexto general. Si nuestra idea o visión de inversión supera el filtro del análisis macroeconómico, puede avanzarse recabando información, ahora más detallada, sobre cada actividad o empresa en particular. Ilustremos estos pasos aplicándolos a un ejemplo.

Imaginemos que vivimos en Brasil y corre el año 2011. Leemos en el periódico que se realizarán en el país importantes eventos deportivos durante el siguiente lustro: la Copa Confederaciones 2013, la Copa Mundial de Fútbol 2014 y los Juegos Olímpicos 2016. Este es el análisis temporal. Como la información nos despierta cierto interés inversor (esos sucesos deportivos suponen siempre grandes movimientos económicos), decidimos realizar un análisis macroeconómico.

Es 2011. La economía brasileña atraviesa desde hace unos años un período de mucho crecimiento y marcada estabilidad. La medición del riesgo país es baja, la moneda se mantiene fuerte. Brasil se encuentra posicionado entre las naciones emergentes más importantes del mundo. Su PBI es el más alto de América Latina. Las perspectivas de crecimiento y afianzamiento de la economía nacional son firmes. Con estos datos, decidimos que la idea de invertir ha pasado el segundo filtro y sigue viva. Pasamos, entonces, al tercer y último filtro: el análisis sectorial.

Ante eventos deportivos como los que se proyectan, sectores como el transporte, las comunicaciones, la hotelería y la infraestructura suelen ser fuertemente apuntalados para satisfacer y mejorar la demanda de turistas de todo el mundo. Se hacen grandes inversiones en estadios, aeropuertos, ferrocarriles, autopistas, terminales portuarias, hoteles y emprendimientos inmobiliarios. Los servicios secundarios (comunicaciones, electricidad, bancos, etcétera) se ven beneficiados en sus resultados financieros porque acompañan el crecimiento general. Todo esto indica que invertir en acciones de compañías fuertes de esos segmentos podría ser una buena idea, una buena visión. De este modo, estaríamos planificando y anticipando la jugada. Solo nos resta elegir el destino específico de nuestra inversión.

El próximo paso consiste en pasar del análisis sectorial a la evaluación de las empresas en particular. Esto requiere buscar información, y estudiar la solidez económica y la posición en el mercado de las compañías seleccionadas. Asimismo, debe evaluarse la conveniencia de comprar acciones a través de un *broker* local o de invertir en acciones brasileñas que coticen, por ejemplo, en la Bolsa de Nueva York. En este punto, debe tomarse una decisión muy importante: poner sacrificio y empeño para capacitarnos e investigar, o telefonear a un profesional de nuestra confianza, solvente y especializado en la materia.

Hoy, tras esos sucesos, podríamos evaluar si las acciones ganaron demasiado o muy poco. Si la economía brasileña siguió creciendo o cayó. Sinceramente no me interesa tanto el resultado como el proceso: si eres capaz de anticiparte y analizar posibles consecuencias de eventos económicos, proyectando escenarios, estarás más cerca de invertir y ganar, aunque en algunas oportunidades las cosas no se den como las vislumbraste.

Como vimos, el proceso no es solo apto para gurús. Una idea es una idea. Y lo más importante: está al alcance de todos.

CAPÍTULO 27

MODERNIZACIÓN CONCEPTUAL DEL NEGOCIO INMOBILIARIO

El camino hacia la riqueza depende fundamentalmente de dos palabras: trabajo y ahorro.
Benjamin Franklin

Una oportunidad en la crisis

El negocio inmobiliario siempre representó, en el inconsciente popular de los argentinos, un refugio de valor muy importante. "Invertir en ladrillos", como se le dice por estas tierras a comprar inmuebles, siempre fue una opción a analizar.

Analicemos el *negocio inmobiliario*; más precisamente, cuándo comprar y cuándo vender.

- Cuando el peso empieza a devaluarse en forma abrupta o continua, el precio de las propiedades tiende a subir, medido en pesos, y a caer, medido en dólares.

Veamos qué pasó históricamente en la Argentina con el precio de los inmuebles:

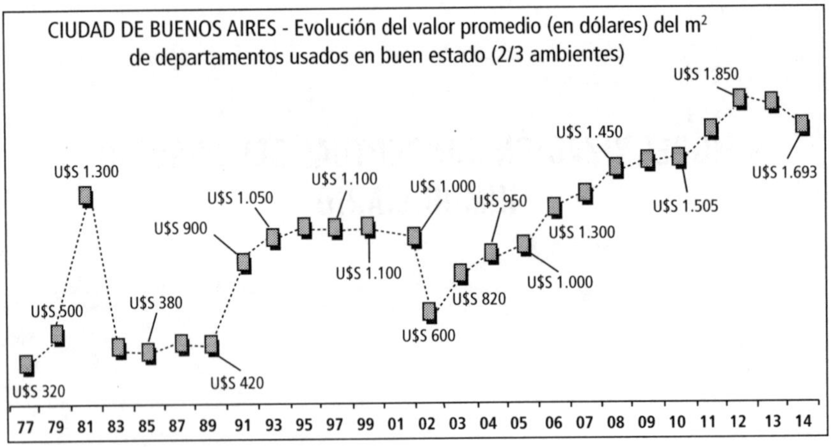

Fuente: *Reporte Inmobiliario.*

Aunque la moneda de curso legal en Argentina sea el peso, el mercado inmobiliario opera en dólares estadounidenses, y es muy difícil realizar transacciones utilizando otra divisa. Al ser un activo que se mide en dólares, es un buen refugio para cubrirse de las devaluaciones de la moneda de curso.

Los precios de los inmuebles, como los de otros activos, siguen los ciclos de la economía.

Debemos detectar cuándo comprar barato o vender caro; ningún precio sube ininterrumpidamente. Quienes tienen el dinero necesario y adquieren propiedades (casas y departamentos en su mayoría) por una cuestión cultural, conceptualmente deberían reconocer el siguiente análisis:

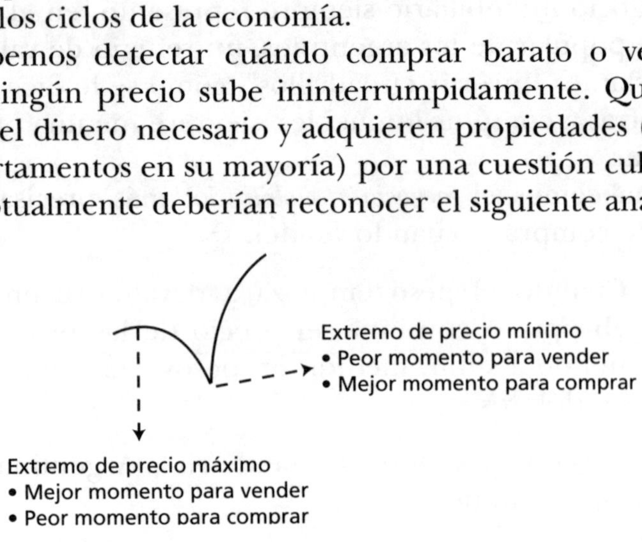

Dependiendo de su perfil inversor y de la etapa de formación de cartera en que la persona se encuentre, debemos tener en cuenta otras cuestiones, haciendo foco en las siguientes variables:

- Renta.
- Atomización.
- Liquidez.
- Aprovechamiento de la brecha cambiaria pagando en pesos.
- Aprovechamiento de la financiación en cuotas.

Como dijimos, por una tendencia cultural, siempre se pensó en el *ladrillo* como refugio. Pero un error común es seguir considerando la compra de departamentos usados como inversión de renta. Las inversiones no son estáticas sino dinámicas. Necesitamos analizar el contexto y actuar en consecuencia. Vivimos en una era en la cual, por ejemplo, las rentas netas de los alquileres están cerca de su piso histórico:

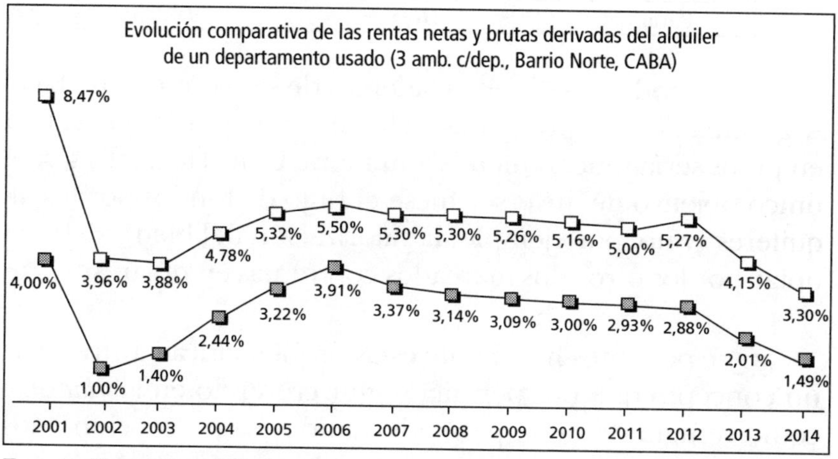

Fuente: *Reporte Inmobiliario.*

Como se ve en el gráfico, la renta neta de un departamento promedio fue en 2014 de 1,49%. Si a eso le sumamos que, desde la implementación en Argentina del cepo cambiario, las operaciones de venta cayeron muchísimo por las limitaciones en la operatoria del mercado de dólares, estamos ante una inversión poco rentable y poco líquida (entendemos por líquida cuando se tiene la posibilidad de vender rápido y transformar una inversión en dinero).

Es importante además tener en cuenta las tendencias de la región, producto de la coyuntura macroeconómica de los países. Sumado a la globalización de las operaciones, no debemos descartar el análisis de otros mercados.

Por eso también habría que analizar la conveniencia de invertir en otros países, si mi objetivo es obtener un flujo de efectivo proveniente de alquilar un inmueble. Veamos una comparativa de las rentas promedio de alquiler de inmuebles tomando tres ejemplos, sobre datos 2014-2015:

País	Moneda de medida	Renta bruta
Argentina	Pesos	3,30%
Uruguay	Dólares	6,00%
Paraguay	Dólares	9,00%

Como podemos observar, además de ser la renta más baja, Argentina tiene el problema de la inflación, por lo que la tasa en pesos sería mucho menos tentadora. Con este análisis, si el único objetivo del inversor fuese el flujo de fondos por los alquileres (y no, por ejemplo, la valorización del bien), debería optar por los otros dos mercados con rentas en dólares.

¿Qué podemos hacer ante estas problemáticas? Introducir un concepto que nos permita seguir creyendo en los *ladrillos* como refugio de valor, pero adecuando esa percepción a los tiempos que corren. Ese concepto es la *atomización*.

La *atomización* consiste en hacer inversiones más pequeñas dentro del rubro inmobiliario. Algunas de las ventajas más importantes de la atomización son las siguientes:

- Liquidez: inversiones más pequeñas o de menor valor son más realizables (vendibles).
- Generalmente se aumenta la rentabilidad.

Más otras dos ventajas producto de la coyuntura, que ya mencionamos:

- Aprovechamiento de la brecha cambiaria pagando en pesos: las operaciones de compra-venta de inmuebles se realizan en dólar billete, pero hay productos *desde el pozo* o que recién comienzan a desarrollarse en los que se puede pagar con dólar a precio oficial, con lo cual estaríamos ganando, al momento de realizar ese bien, el valor equivalente a la brecha cambiaria entre el dólar oficial y el paralelo (para ejemplicar su importancia, en agosto de 2015 la brecha llegó al 70%, y en mayo de 2013 fue del 100%).
- Aprovechamiento de la financiación en cuotas: estos emprendimientos nuevos o en lanzamiento generalmente financian sus productos en cuotas sin interés, lo que suma otro atractivo ya que en Argentina no existe prácticamente el mercado de créditos hipotecarios para la adquisición de viviendas. Veamos el siguiente ejemplo:

Caso 1: Inmueble	Renta mensual ($)	Valuación (U$S)
Departamento de 3 ambientes	4.500	120.000

Caso 2: Inmueble	Renta mensual ($)	Valuación (U$S)
Cochera para automotor	1.500	20.000
Cochera para automotor	1.500	20.000
Cochera para automotor	1.500	20.000
Cochera para automotor	1.500	20.000
Cochera para automotor	1.500	20.000
Cochera para automotor	1.500	20.000
Totales	9.000	**120.000**

Caso 3: Inmueble	Renta mensual ($)	Valuación (U$S)
Cama náutica	2.200	17.150
Cama náutica	2.200	17.150
Cama náutica	2.200	17.150
Cama náutica	2.200	17.150
Cama náutica	2.200	17.150
Cama náutica	2.200	17.150
Cama náutica	2.200	17.150
Totales	**15.400**	**120.050**

En estos casos, vemos tres ejemplos distintos. Podemos tener nuestra inversión concentrada en la compra de un departamento de 120 mil dólares, con una renta de 4.500 pesos, o seguir en el negocio inmobiliario pero aplicando el concepto de atomizar, rentabilizando y haciendo más líquida la inversión. En el segundo caso, con lo que cuesta el departamento, compro 6 cocheras para autos *desde el pozo*, con una renta estimada de 9.000 pesos. Vemos que con esta inversión duplicamos la rentabilidad y ante una urgencia o necesidad podríamos vender una cochera, operación que, al involucrar un importe relativamente pequeño, tiene una sencilla realización.

En el tercer caso, con el mismo dinero inmovilizado en un departamento podríamos optar por adquirir 7 camas náuticas (son las "cocheras" donde se guardan las lanchas, que en Argentina son furor y tienen muy buena ocupación) y obtener una renta aproximada de 15.400 pesos, obteniendo así una renta 3,42 veces superior a la del departamento, con la misma inversión.

Cabe destacar también que en este tipo de inversiones atomizadas prácticamente no se incurre en costos de mantenimiento ni se tienen riesgos de destrozos por el uso, como sí ocurre cuando se rentan los departamentos, costos que termina absorbiendo el propietario y que, de producirse, reducen aún más la rentabilidad resultante.

Lo importante del análisis conceptual es que nos lleva a pensar que dolarizarse adquiriendo metros cuadrados de inmuebles es una buena opción de cobertura, independientemente de la opción de activo elegida.

Otra de las ventajas de invertir en inmuebles con el escenario actual es que podemos tener tres variables a la hora de pensar en ganancias futuras:

- Incremento del valor del metro cuadrado.
- Valor agregado del proyecto (si entramos como inversores "de pozo").
- Beneficios derivados de la brecha cambiaria (según la financiación y la moneda de pago).

Es decir, puedo ganar por aumento del valor del metro cuadrado, ya que, como vimos en el gráfico de valores históricos, la propiedad aumenta de valor correlacionando con el dólar, además de por otros factores, como, por ejemplo, el desarrollo de la ciudad en donde se encuentra el inmueble, lo que también agregaría valor.

Si invertimos desde el pozo en un proyecto, generalmente se ingresa aportando un valor inferior al precio de venta del metro cuadrado terminado. Por ejemplo, puedo ingresar como inversor comprando un lote donde se desarrollará un barrio, que actualmente se paga 60 mil dólares pero que en dos años, cuando esté terminada la obra, se prevé que va a comercializarse en 85 mil dólares, con lo que estaría ganando el valor agregado del proyecto y el valor tiempo del dinero por la espera de concreción. Y por último, y este es un tema de coyuntura actual (lo que quiere decir que puede discontinuarse en el tiempo), hay que considerar que si tengo la posibilidad de abonar en pesos un producto por el que al momento de venderse voy a obtener dólares billete, estaré ganando también el monto equivalente a la brecha cambiaria, lo que probablemente va a derivar en una rentabilidad muy interesante.

CAPÍTULO 28

EL CONCEPTO DE AHORRO O SEGURO VACACIONAL VINCULADO A LA INVERSIÓN INMOBILIARIA

Aquellas personas que realicen un presupuesto anual, podrán comprobar que, generalmente, un porcentaje muy significativo del gasto se asigna a las vacaciones. En Argentina, además, en los últimos años se dio un fenómeno vinculado al turismo, ya no relativo a las vacaciones anuales sino a las *escapadas*, que se realizan aprovechando un gran número de feriados denominados *puentes*.

Esto trae aparejado un incremento de costos tanto en alojamiento como en alimentos, ya que estadísticamente la mayoría de los turistas acuden a hoteles, con habitaciones sin cocina, donde no tienen la posibilidad de elaborar sus propias comidas, por lo cual deben recurrir a restaurantes, lo que encarece sustancialmente la estadía.

¿Qué posibilidad de ahorro nos ofrece, considerando este fenómeno, el mercado inmobiliario? Nuevamente podemos recurrir a un viejo concepto, pero modernizado por muchos desarrolladores, que es el de *time share* o *tiempo compartido*. Analicemos de qué se trata y cuáles son sus ventajas comparativas.

Breve historia del *tiempo compartido*

El *tiempo compartido* es un sistema vacacional que surge en Europa en 1964, de la mano de un empresario hotelero oriundo de los Alpes franceses, llamado Paul Doumier, que en su posada ubicada en un lugar de playa decide ofrecer a sus huéspedes habituales del verano la posibilidad de comprar (es decir, para siempre) el uso de las semanas en las que vacacionan año tras año abonando, además del precio de compra, un costo de mantenimiento proporcionalmente distribuido entre todos los clientes. La idea, revolucionaria en su momento, ofrecía grandes beneficios para ambas partes. El huésped se aseguraba su lugar durante muchos años, y al propietario de la posada le permitía disminuir los gastos de mantenimiento que le generaban los períodos del año improductivos para su negocio. Este sistema, si bien inicialmente se desarrolló con fuerza en Europa, a partir de 1972 fue adoptado en el Estado de Florida (EE.UU.) y en México, sumándose a esta modalidad, a partir de 1974, las dos cadenas de intercambio más reconocidas mundialmente, primero RCI y dos años después Interval International. Estas cadenas brindaron flexibilidad al sistema a través de una red de intercambio que dio la posibilidad de vacacionar en variados destinos. Se vio crecer en todo el mundo este nuevo formato de multipropiedad dentro del segmento de turistas de alto poder adquisitivo, observándose un rápido desarrollo en nuevos destinos como Canadá, México, el Caribe, Asia y América Latina. Es así que importantes cadenas hoteleras, como Marriott, Hilton, Disney y Four Season, por citar algunas, se interesaron en este concepto y decidieron aportar capitales y adaptar sus proyectos a fin de captar este selecto público.

¿En qué consiste el *tiempo compartido*?

Podemos decir que la propiedad compartida implica una forma distinta de concebir las vacaciones. La podríamos definir como un sistema o *seguro vacacional* limitado a intervalos de tiempo (en formato semanal) en alojamientos estilo condominio ubicados en complejos turísticos exclusivos, afiliados a compañías de intercambio multinacionales, con estándares propios, que las diferencia sustancialmente de la compra de una propiedad, la cual acarrea un importante costo de mantenimiento y un único destino para las vacaciones.

El sistema de tiempo compartido permite la compra de un derecho de uso y goce (o acciones) en módulos de tiempo (que generalmente son de una semana), en un resort determinado, por un lapso de tiempo específico. Se paga anualmente un costo en concepto de mantenimiento que dependerá del tipo de complejo, de la temporada y de la capacidad de la unidad que se adquiera. Asimismo, los propietarios de estos derechos abonan una tasa de uso en caso de que requieran canjear el derecho de uso de su propiedad por el de otro complejo turístico adherido a la red o compañía de intercambio; costos que son notoriamente inferiores a los que representaría una semana de hotelería de similar nivel.

Sin dudas el sistema de tiempo compartido ya forma parte de la industria de viajes y turismo, mundial y local. Además, actualmente brinda la opción de utilizar un "sistema de puntos" mediante el cual cada resort establece una moneda de cuenta, que con diferentes tablas de valuación o valoración otorga al socio o propietario la libertad de flexibilizar sus estadías desde noches hasta módulos de 7 días, o acceder a espacios con mejores atractivos: resorts de mayor categoría o en una mejor temporada.

En síntesis, el usuario o socio del sistema de tiempo compartido, además de los beneficios antes citados, goza de variedad de destinos, flexibilidad de fechas, confort e infraestructura, calidad de servicio y una importante conveniencia económica, sin olvidar que no tiene las responsabilidades propias de mantenimiento y atención que implican las segundas residencias o casas de veraneo.

Resumen estadístico de la industria en Argentina y Uruguay

Es importante resaltar que el tiempo compartido se diferencia de la hotelería justamente en su nivel de ocupación anual, que va desde un 60 a un 75%, por la venta de semanas en temporada media y baja, y por el intercambio internacional, activando las economías regionales en temporada baja y ocupando personal operativo directo todo el año. Esta modalidad vacacional se calcula que es utilizada en Argentina y Uruguay por más de 350 mil personas al año (con un crecimiento anual aproximado de 10%).

Las empresas afiliadas a la cámara que los nuclea son ampliamente conocidas en el mercado. La Argentina cuenta aproximadamente con 190 complejos que operan bajo la modalidad de tiempo compartido, los cuales están situados en destinos tales como Bariloche (16,7%), Buenos Aires (10%), Pinamar (9,2%), Cariló (5,7%), Mar del Plata (5,7%), Villa Gesell (5,8%), San Martín de los Andes (5%), Villa La Angostura (5,3%), Valle de Las Leñas (5%), Villa Carlos Paz (5%), San Bernardo (3,3%) y otros (23,3%).

En resumen, ¿qué es la *propiedad compartida*?

- Es la compra de una porción de una propiedad (dividida en períodos de uso).
- La propiedad se mide en períodos de semanas fijas o flotantes, o a base de puntos.
- El comprador tiene un interés sobre una propiedad de alojamiento turístico y tiene un uso recurrente en el complejo.

- El precio de compra generalmente es financiado por el desarrollador.
- El comprador es responsable de un cargo anual de mantenimiento.
- Se trabaja con compañías que dan valor agregado ofreciendo programas de intercambio.

¿En qué nos beneficia la *propiedad compartida*?

- Es una forma de asegurar vacaciones futuras, en alojamientos de tipo condominio.
- Permite el acceso a destinos que de otra forma podrían estar fuera de nuestro alcance.
- Mejora el estilo de vida.

¿Por qué apostar a este rubro hoy en Argentina?

- Es una alternativa inmobiliario-turística accesible, sobre todo en momentos de restricción cambiaria, inflación, crisis.
- Se paga en pesos y con financiación en cuotas.
- Por el saneamiento del sistema. En 2008 fue sancionada la Ley Nacional de Turismo de Tiempo Compartido, cuya reglamentación se encuentra en vísperas de su publicación.

Ventajas para el consumidor

- Implica un seguro vacacional: congela, en cierta forma, los costos de las vacaciones a futuro.
- Se trata de alojamientos estilo condominio, con unidades de 1, 2, 3 y 4 dormitorios, y todos los *amenities* de los complejos, ideales para familias.

- Compromiso breve: 5, 10, 15 o 20 años.
- Pagadero en pesos y en cuotas.
- Acceso a la posibilidad de intercambiar destinos, pagando un pequeño monto adicional.

Ventajas para el desarrollador

- Maximiza la utilización de inventario e incentiva el uso durante períodos ociosos.
- Aumenta el promedio de ocupación anual; nivela la demanda turística.
- La incorporación del cliente como "accionista" ayuda a la recuperación de la inversión y aporta al mantenimiento del producto físico.
- Base de usuarios fieles.

¿Cómo puedo aprovechar estas ventajas?

Pongamos el siguiente ejemplo. Un desarrollador inmobiliario está construyendo en la ciudad de Colonia, Uruguay, un complejo de 70 condominios con vista al Río de la Plata, que contarán con la administración hotelera de una importante firma a nivel mundial, lo que le da prestigio al proyecto. Dicho desarrollador tiene la posibilidad de comercializar las unidades funcionales de una manera tradicional (el 100% a un consumidor final, para su uso exclusivo) o vender semanas bajo la modalidad de tiempo compartido, con el apoyo de una compañía de intercambio (Interval International, por ejemplo).

En este último caso, aparecen los inversores del llamado ahorro o seguro vacacional. Vamos a realizar un ejemplo numérico.

Una persona puede invertir en un módulo de tiempo compartido mediante el cual se adjudica el uso y goce de una semana al año de una unidad funcional determinada en el complejo antes mencionado, por ejemplo, por el plazo de 10 años. Por este derecho va a abonar la suma de 10 mil dólares, más un costo de mantenimiento por expensas estimado en 500 dólares anuales (los valores aquí expresados son totalmente arbitrarios, utilizados a los meros efectos de cuantificar y ejemplificar la situación, pudiendo variar según el producto, la ubicación, etc.).

Contrato	Valor semana (U$S)	Valor contrato (U$S)
10 semanas (una por año)	1.000	10.000
Expensas anuales	500	5.000
Total de inversión en 10 años	**1.500**	**15.000**

Este inversionista, transformado en usuario, utiliza sus semanas con fines turísticos, es decir, vacaciona en dicho complejo, y hace uso de la unidad e instalaciones, logrando seguramente mejoras en la calidad habitacional de sus vacaciones y también en materia de costos. Por ejemplo, si es una persona acostumbrada a vacacionar en habitaciones tradicionales de hoteles, podrá lograr automáticamente una mejora comparativa, ya que estaría pasando a vacacionar en un condominio, de mayores dimensiones y totalmente equipado, como se observa en la comparativa del gráfico de la página siguiente.

La figura muestra la habitación común de hotel comparada con el condominio, que cuenta con mayores comodidades y es accesible a menor precio bajo esta modalidad.

Si además estamos ante una persona o un grupo familiar que no tienen inconvenientes en cocinar sus propios alimentos, al contar con el equipamiento necesario podrán reducir drásticamente los costos de alimentación frente a la opción comparativa de tener que salir a comer a restaurantes de manera obligada.

LA ELECCIÓN ES FÁCIL

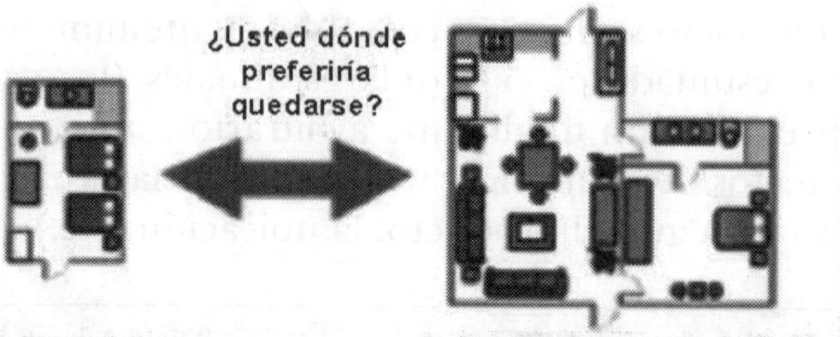

Hotel o motel
Habitación para huéspedes

1 dormitorio - 1 sala de baño
Alojamiento en un resort

Y si pensamos exclusivamente en el ahorro, si consideramos que esta persona normalmente gastaba 300 dólares por noche con su grupo familiar para pasar una semana de vacaciones, podríamos decir que estará ahorrando 600 dólares por año y 6.000 dólares a lo largo del contrato:

Contrato	Valor semana (U$S)	Valor contrato (U$S)
10 semanas	1.000	10.000
Expensas anuales	500	5.000
Costo de una semana en hotel (U$S 300 la noche)	2.100	21.000
Total ahorro	**600**	**6.000**

Otra ventaja importante del tiempo compartido tiene relación con la inflación de costos de la hotelería. En una industria cuyos costos crecen a razón del 30/50% anual, adquiriendo en forma anticipada con esta otra modalidad estamos congelando precios por toda la duración del contrato y pagando a valor de hoy el hospedaje de mañana.

En general las compañías de intercambio a las que se adhieren estos condominios les dan a sus inversionistas muchos beneficios, principalmente el intercambio vacacional, con la posibilidad de cambiar de fechas y de destinos. Adicionalmente pueden recibir la oferta de alquileres de semanas a precios muy bajos, y descuentos en servicios turísticos, como por ejemplo la renta de autos, la contratación de cruceros, la utilización de salas vip en aeropuertos, etcétera, lo que se traduce en mayores beneficios y un mayor ahorro durante el período vacacional.

Ahora bien, ¿qué otra opción brinda el sistema de tiempo compartido? Si bien hay personas que vacacionan varias veces en el año durante períodos cortos –una semana– y pueden arraigarse a un destino por distintas cuestiones afectivas o de actividades, también podría plantearse el caso de que uno no quiera ir de vacaciones siempre al mismo lugar. ¿Qué puede hacer en ese caso? Podría ceder a un familiar o subalquilar la semana adquirida por contrato, recuperando el costo de lo invertido por ese año, y adquirir semanas *getaway (escapadas),* que es la posibilidad de obtener un alquiler de una semana en otro destino del mundo, pero abonando un valor muy especial por tener membresía de una compañía de intercambios. Pagar el precio aproximado de una noche (o menor, en ofertas de último momento) para usar una semana... Suena tentador, ¿no?

InvertArte es una filosofía que siempre te invita a utilizar la creatividad para encontrar distintas formas de maximizar tus ahorros en función de hacer crecer tus inversiones. El sistema de tiempo compartido es un tema para que analices, profundices al respecto, y saques luego tus propias conclusiones. Pero te recomendamos no pasarlo por alto.

CAPÍTULO 29

UNA APUESTA A LAS INVERSIONES DEL FUTURO

El futuro tiene muchos nombres. Para los débiles es lo inalcanzable. Para los temerosos, lo desconocido. Para los valientes es la oportunidad.

Victor Hugo

Siempre tuve la fantasía de utilizar el DeLorean, aquel automóvil de la saga *Volver al futuro*, para viajar al año 1975 y comprar acciones de Apple, y de pasada, en 1986, algunas de Microsoft. Lamentablemente, por ahora, es imposible.

El caso emblemático podría ser el de la acción de Microsoft, empresa líder de la informática y la tecnología. Una empresa que, como la mayoría de las que realizaron OPI (ofertas públicas iniciales), en algún momento ha cotizado a valores cercanos a las posibilidades de cualquier inversionista.

Invertir en empresas innovadoras desde su salida a cotizar puede ser una gran apuesta a futuro, esa agua en el desierto que muchos inversionistas anhelan descubrir algún día. Que su potencialidad se plasme con el correr de los años depende de muchos factores, pero en algo estaremos de acuerdo: *el que no arriesga no gana*.

Microsoft realizó su oferta inicial el 13 de marzo de 1986. El precio al que cotizaba la acción era de U$S 0,08.

Es decir que alguien que invirtió en ellas en ese momento 10 mil dólares, adquirió 125 mil acciones. Nada mejor que la siguiente frase de André Kostolany para ejemplificar el desenlace de esta historia:

"Compra acciones de empresas, toma una pastilla para dormir durante veinte o treinta años y cuando despiertes serás millonario."

Microsoft Corporation (en Nasdaq: MSFT) es una empresa multinacional de origen estadounidense, fundada el 4 de abril de 1975 por Bill Gates y Paul Allen. Dedicada al sector de la informática, tiene su sede en Redmond, Washington, Estados Unidos. Microsoft desarrolla, fabrica, licencia y produce software y equipos electrónicos, siendo sus productos más usados el sistema operativo Microsoft Windows y la suite Microsoft Office, los cuales tienen una importante posición entre los ordenadores personales, siguiendo la estrategia de Bill Gates de "tener una estación de trabajo que funcione con nuestro software en cada escritorio y en cada hogar". Fundada para desarrollar y vender intérpretes de Basic para el Altair 8800, a mediados de los '80 consiguió dominar el mercado de ordenadores personales con el sistema operativo MS-DOS. La compañía inició una oferta pública de venta en el mercado de valores en 1986. La suba en la cotización de las acciones llevó a cuatro empleados a convertirse en multimillonarios y a 12 mil accionistas en millonarios.

Efectivamente, si hubiéramos invertido U$S 10.000 en esas acciones de Microsoft el 13 de marzo de 1986 y las hubiésemos mantenido en cartera hasta el día de hoy, cuando la acción cotiza a U$S 44,40 centavos (dato del 3 de julio de 2015), hoy tendríamos una valorización por las mismas de 5.550.000 dólares. *Impactante, ¿no?*

Un caso similar ocurrió con Apple, que en el año 1976 tenía un valor de 2 dólares la acción.

En la emblemática película *Forrest Gump,* Forrest, empleando el dinero que ganó jugando al ping pong, compra un barco pesquero que bautiza con el nombre de "Jenny" y comienza así a cumplir la promesa que le hizo a su amigo Bubba, muerto en Vietnam. El inválido Dan también cumple su promesa y se presenta para ayudar a Forrest en el negocio. Al principio no tienen ninguna suerte en la pesca de gambas, pero gracias a los devastadores efectos del huracán Carmen, que destruye toda la flota pesquera competidora del barco de Forrest, la Bubba Gump Shrimp Company obtiene unas ganancias enormes. El negocio pesquero había quedado en manos del teniente Dan, quien acertadamente invierte las ganancias de Bubba Gump en acciones de la compañía informática Apple y los convierte a ambos en millonarios.

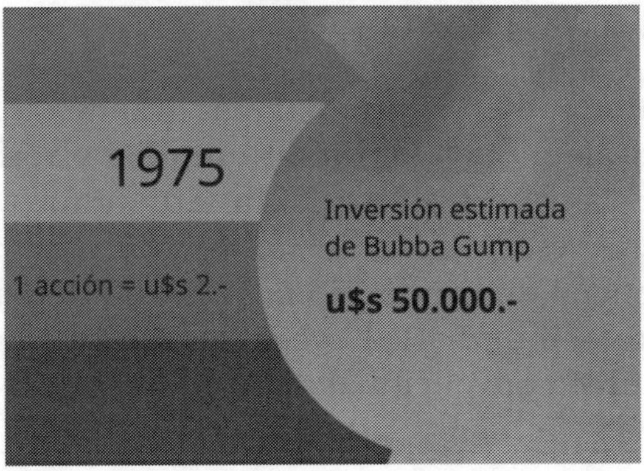

Forrest invirtió 50 mil dólares en ese momento, compró 25 mil acciones. Al 3 de julio de 2015, la acción cotiza a 126,44 dólares. Hoy tendría una fortuna de 3.161.000 dólares.

Estas situaciones, si bien son excepcionales, nos entusiasman tanto que amerita, mínimamente, realizar un análisis de cuáles podrían ser los sectores donde se estén encubando las "Microsoft y Apple" del futuro.

A veces no es tan sencillo estar en el lugar indicado y a la hora señalada. Para participar de una OPI de una compañía, se debería contar con una cuenta en el banco que participa como colocador o, en su defecto, en el *broker* que opera con dicho banco. *Si te decidiste a buscar el tesoro, mejor estate preparado.*

Por eso hoy me jugaría unas fichas al largo plazo, tratando de replicar estas historias. Por ejemplo, ¿no sería interesante pensar en el crecimiento de Boeing Company (en NYSE: BA), empresa líder en el desarrollo de la tecnología *drone*? ¿O pensar en nuestra petrolera de bandera, YPF? Este último es un caso de estudio muy particular e interesante, por el alto potencial estratégico.

Analicemos el caso.

El potencial de Vaca Muerta

- Segunda reserva mundial más grande de *shale gas.*
- Equivale al 10% del total mundial y representa 67 veces las reservas actuales de Argentina.
- Cuarta reserva mundial de *shale oil.*
- Potencial de producción: 27.000 M de barriles (8% del total mundial). 11 veces las reservas probadas de petróleo convencional de Argentina.

La caída de los precios actuales del petróleo complica las inversiones en el área. Se estima que el valor comercial de Vaca Muerta equivale a *entre 8 y 22 veces el PBI argentino.*

Si bien el contexto externo de Argentina no ayuda, ya que su conflicto con los *holdouts* (también denominados *fondos buitre*), sumado a la inseguridad jurídica y política interna de estos días, la alejan de la posibilidad de tomar deuda externa a gran escala (la inversión requerida en Vaca Muerta sería cercana a los 30 mil millones de dólares), a largo plazo creo que estamos en presencia de un nuevo gigante mundial. En veinte años, no digas que no fuiste avisado.

CAPÍTULO 30

¿CÓMO GANÓ EL QUE MÁS GANÓ?

El Señor Mercado es un esquizofrénico en el corto plazo pero recupera su cordura en el largo plazo.

Benjamin Graham

Me gusta estudiar las estrategias que siguen personas con éxito para lograr sus objetivos. Sobre todo en temas tan fluctuantes, con tanta volatilidad, como los relacionados con el mercado de capitales.

El mercado de capitales es, sin dudas, una mina de oro para los inversionistas. Bien utilizado, con el conocimiento adecuado, puede ser una alternativa más que válida para tratar de construir un patrimonio. El problema es que, generalmente, espanta a los inversionistas, sobre todo a aquellos que no siguen una lógica y no poseen una educación financiera adecuada.

El inversionista *de a pie*, como en Argentina llamamos a los inversores inexpertos, compra acciones con la noticia. Típica tapa de diarios: "Las acciones de Petrobras alcanzaron su máximo histórico y subieron 55% en lo que va del año". Esto es suficiente para que el inversor inexperto vaya y compre. Sin mayor análisis. ¿Cómo sigue la película? Este inversor inexperto, que a partir de ese momento comienza a revisar cada media hora la cotización de las acciones que compró (alguien dijo alguna vez que esto era tan inútil como estar a dieta y pesarse cada media hora), se preocupa con una baja en el valor, empieza a tener problemas de sueño, está de mal humor, y en el mejor de los casos, si dura un par de meses dentro de la bolsa, no soporta la tensión por las pérdidas acumuladas y vende las acciones. Aun perdiendo dinero.

Una de las máximas de las inversiones es comprar barato y vender caro, o comprar cuando todos venden y vender cuando todos compran... algo totalmente contrario a lo que hace la mayoría de los inversores inexpertos.

Este es uno de los motivos por los que fracasan muchos inversionistas cuando se enfrentan al mercado de capitales; y esta situación los desalienta, atemoriza y aleja, muchas veces para siempre, de la posibilidad de capitalización a gran escala que brindan las acciones.

Uno de los inversionistas en acciones más ricos del mundo, Warren Buffet, hizo su fortuna basado en razonamientos muy distintos a los acostumbrados incluso por quienes convivimos a diario con estas cuestiones. ¿Diversificar es lo peor que puede hacer un inversor? Eso dice el bueno de Warren. Creer que no es necesario ser un técnico en la materia para invertir, no confiar en asesores financieros, descreer de los mercados perfectos, huir de las predicciones del análisis técnico o el fundamental. Son algunas de sus visiones, algo exóticas, pero no por ello menos interesantes. Siempre es bueno abrir la mente, relajarse y escuchar, por más raro que suene lo que el otro dice. Sobre todo si la persona que enuncia esos razonamientos ganó tanto aplicándolos. Mínimamente, analicemos por qué dice lo que dice.

Cuidado: esto no significa que el análisis técnico no sirva. Soy un convencido de que cuando uno más estudia una cuestión, cuanto más sabe sobre un tema, menor será su margen de error. Pero también estoy convencido de que muchas veces, las cosas son más simples de lo que parecen, y como dice el refrán:

La simpleza es la última sofisticación.

Warren Buffett compró sus primeras acciones a los 11 años, de la petrolera City Services. Adquirió 3 acciones a U$S 38, solo para ver cómo caían a U$S 27. Tuvo que esperar, y poco después las vendió a U$S 40. Poco después las acciones remontaron hasta los U$S 200. Allí aprendió su primera lección: *HAY QUE TENER PACIENCIA.* A los que esperan les llegan las cosas buenas, siempre que elijan la acción correcta.

A continuación les dejo algunas de las máximas de este hombre que, sobre la base de simples razonamientos, construyó su compleja fortuna:

- *No hace falta hacer cosas extraordinarias para tener resultados extraordinarios.* No hay que intentar hacerse rico de la noche a la mañana. Se trata de ganar *a largo plazo.*
- *Invierta en un negocio que hasta un tonto pueda dirigir, porque algún día lo hará.* Negocios con economía subyacente extraordinaria. Ni el mejor jinete del mundo ganaría una carrera montando un caballo cojo. Pero un jinete mediocre puede ganar carreras montando un campeón.
- *Si un negocio va bien, con el tiempo las acciones irán bien.* El estado actual del negocio refleja a futuro el valor subyacente de la empresa.
- *Hay que comprar las empresas de mayor calidad a precios bajos respecto de su valor.* Y conservarlas durante mucho, mucho tiempo.

- *No podemos participar de cincuenta cosas a la vez. Es preferible invertir cantidades significativas en unos pocos frentes.* Según Warren, de esta forma aumenta la capacidad de seguimiento de cada empresa, y así, sin diversificar, solo se necesita acertar unas cuantas veces para hacerse rico.
- *No a la diversificación.* Es famoso por concentrar mucho sus inversiones. Dice que cuando no sabes qué hacer, es conveniente diversificar. No arruina a nadie, pero tampoco hace rico a nadie.
- *Esperar circunstancias que se dan ocasionalmente.* Una bajada generalizada del mercado, una recesión en el sector, un momento de pánico vendedor. Según él, esto crea la oportunidad de invertir en excelentes empresas a precios bajos.
- *Intentar ser temeroso cuando otros se muestran codiciosos, y codiciosos cuando los demás se muestran temerosos.* Con el largo plazo a favor, este planteamiento es el secreto de la inversión exitosa.
- *Si te encuentras en un hoyo, lo más importante es no seguir cavando.* Si estamos en una mala inversión lo peor que podemos hacer es seguir metiendo dinero. Recomienda dejarlo y reducir pérdidas antes que las cosas lleguen a cero.
- *Compra solo aquello que estarías encantado de conservar por diez años.* Cuando piensas a largo plazo, te planteas la calidad de la inversión y la situación futura del negocio, piensas en su ventaja competitiva y en si esta es duradera.

Empresas de productos de consumo masivo como Coca-Cola o Budweiser figuran en su cartera. Y su razonamiento es muy lógico: según él, empresas que tengan que reinventarse permanentemente, con mucha inversión en innovación, en desarrollo de nuevos productos, en cambio de tecnología permanente para producir, y todo ese tipo de cuestiones, solo reducen los resultados de la empresa. Hace 100 años que Coca-Cola y Budweiser venden el mismo producto, casi sin modificaciones. Y la gente seguirá tomando esas bebidas. Algo de lógica tiene, ¿no?

Por eso, no temas a las inversiones en el mercado de capitales. Solo piensa que hablar de acciones significa elegir buenas compañías, con negocios que puedan vislumbrar un consumo masivo con continuidad en el tiempo. Luego, el secreto será pensar en el largo plazo. Empresas sanas, que ganan dinero, año tras año crecen en cuanto a patrimonio y eso se traduce en el incremento del valor de sus acciones.

Si eliges bien, compras a un precio razonable y eres lo suficientemente paciente, la paga llegará en grande. Por lo menos eso dice Warren, este ex repartidor de periódicos que con simpleza llegó a ser uno de los más exitosos de la historia del mercado de capitales mundial.

Otra opción para el largo plazo son los bonos en dólares. Los bonos argentinos rinden por encima de los de países en guerra civil como Ucrania y los de países pobres y quebrados como los africanos, con rendimientos superiores al 10% anual en dólares, y sin riesgos de no pagar, debido al bajo endeudamiento externo del país, lo que no supone problemas de cumplimiento en los pagos.

PALABRA DE EXPERTO

Mirando hacia el norte: el mercado de acciones global dominado por EE.UU.

Por Juan Manuel Carnevale
(director de las licenciaturas en Mercado de Capitales y Administración Bancaria de la Universidad del Salvador)

Psicología del inversor: enamorarse de los errores y descartar los aciertos

¿Cuántas veces escuchamos inversores diciendo que hace años que mantienen una acción a pérdida? ¿Y cuántas veces escuchamos decir a los mismos inversores que compraron una acción que subió durante períodos prolongados, y ellos las compraron y las vendieron en un par de días?

La solución al problema de enamorarse de los errores pasa por establecer una pérdida máxima aceptable en términos de capital invertido. En el rubro se llama *stop loss.*

La solución al problema de desechar los aciertos pasa por entender que las acciones de valor siempre tienden a subir en el largo plazo y lo mejor que se puede hacer es fijar una estrategia de largo plazo, fijando precios objetivos a alcanzar.

Antes de la crisis del año 1929, el índice Dow Jones llegó a cotizar en 381 puntos. ¿Cuánto valía el Dow Jones en julio de 1932? 41 puntos.

¿Cuánto tiempo le costó al índice Dow Jones recuperarse de dicha caída? Apenas en el año 1954 pudo recuperarse, luego de siete movimientos alcistas y una guerra mundial de por medio.

Recién en el año 1935, los presidentes de las compañías Ford y JP Morgan pidieron al ente regulador poder recomprar sus propias acciones. Piensen que en esa época no existían la tecnología actual y las metodologías con las que hoy se cuenta para valuar una empresa. Por lo que los inversores vieron esto como una clara señal de compra.

En marzo de 1996, Alan Greenspan dijo ante el Senado de los EE.UU. que las acciones tecnológicas tenían precios de burbuja. El mercado le contestó con una suba del 360% del índice Nasdaq entre esa fecha y marzo de 2000, cuando llegó a valer 5.000 puntos, para luego caer hasta la zona de los 1.200 puntos. Lo llamativo es que la caída se dio hasta un punto cercano al que valía el índice Nasdaq cuando Alan Greenspan dio la señal de alerta.

Al período ubicado entre los años 2000 y 2010 se lo conoce como la década perdida porque el índice Dow Jones arrancó y terminó en 10.000 puntos. Eso sí, tuvo mucha volatilidad en el medio, puesto que primero llegó a cotizar en los 14.500 puntos, para luego caer, con la quiebra de Lehman Brothers en septiembre de 2008, a 6.585 puntos básicos.

El mercado de renta variable recibió al presidente Obama, en diciembre de 2008, con un índice Dow Jones en niveles de 9.100 puntos. Existe un viejo refrán que dice que, cuando ganan los demócratas, las bolsas tienden a caer durante el primer año; y el mercado en este caso trataría de cumplir la profecía, llevando al índice Dow Jones hasta los 6.585 puntos en tan solo tres meses. Rápido de reflejos, el presidente Obama suspendió las ventas de activos en descubierto por un período de seis meses, provocando que todos los inversores que habían vendido "de aire" tuvieran que salir a recomprar esos activos para poder cerrar sus posiciones, provocando que el índice Dow Jones volviera a los 9.100 puntos hacia julio de 2009.

¿Quién es el principal acreedor del gobierno de los EE.UU.? ¿China? ¿Japón? No, la Reserva Federal de los EE.UU. es el principal acreedor de la deuda emitida por el

Tesoro de los EE.UU. Al punto tal que tiene similar tenencia que la suma de los US Treasuries en poder de Japón y China juntos.

Esto se debe a la implementación de los programas cuantitativos 1, 2 y 3 establecidos por la Reserva Federal de los EE.UU., que consistía en la compra de bonos, mediante lo cual inyectaba dinero en el mercado para reactivar la economía, luego de la crisis del año 2008. Esto a su vez provocó que la base monetaria de los EE.UU. se multiplicara por 5 entre 2008 y 2014.

¿Conviene invertir en el índice de Shanghai vía EE.UU.?

Desde la crisis de 2008, China compró acciones evitando la caída del índice por debajo de los 2.000 puntos. Recién a fines de 2014, el gobierno de ese país realizó una serie de cambios que permitieron a los inversores especular con dichas acciones, provocando una suba del 110% en menos de un año.

Si eres inversor y crees que esta suba va a continuar, debes tener presente que los instrumentos que puedes comprar son *Exchange Trade Funds* (ETF) de índices de acciones chinas que coticen en la bolsa de los EE.UU. No existe una forma convencional de replicar el índice de Shanghai solo con las acciones chinas que cotizan en EE.UU.

CAPÍTULO 31

LAS SEIS LECCIONES QUE APRENDÍ DE UN EMPRENDEDOR SERIAL

Un emprendedor ve oportunidades donde otros solo ven problemas.

Michael Gerber

Como ya les conté, comencé a trabajar en mayo de 1998, con 18 años recién cumplidos. Yo era el único sostén de mi familia, lo que generó en mí un profundo sentido de la responsabilidad: todos en casa dependían de mi salario.

Corría el año 2006 cuando Tito, mi empleador de entonces, me obsequió un libro que hablaba sobre cómo alcanzar la libertad financiera: *Padre rico - Padre pobre,* de Robert Kiyosaki. Tito era lo que yo llamo un "emprendedor serial", un profesional incansable, dotado de una creatividad y un sentido de liderazgo pocas veces vistos. Era también una persona encantadora. Su inquietud incesante por ayudar al prójimo era algo increíble.

Terminé de leer el libro de Kiyosaki una mañana de vacaciones, en la playa. Más allá de las ideas, los conceptos nuevos y transgresores que el texto transmitía, y los proyectos y las inquietudes que me generaba, otra parte de mí pensaba que, en el lugar de Tito, ni loco le hubiera regalado ese libro a un empleado. ¿Por qué? Porque explica cómo crear el principal activo que tengo hoy: libertad financiera.

Ese libro habla de pelear para dejar de ser empleado y convertirse en un empresario independiente. Imaginé que Tito no lo había leído y, por lo tanto, que no previó las ganas de independizarme que me despertaría. Pero yo estaba equivocado: Tito supo siempre qué hacía y por qué lo hacía. Hoy, transcurrido el tiempo, valoro aún más aquel regalo, que me permitió aprender un concepto valioso, pilar fundamental de mi modelo de pensamiento de allí en adelante: no aspirar a retener indefinidamente como empleados a quienes tienen características creativas, proactivas y de liderazgo. Cuando la fortuna nos pone en contacto con personas que tienen ese perfil, debemos formarlas y capacitarlas para que colaboren con nosotros y sean útiles a nuestro proyecto hasta que estén listas para independizarse. ¿Y cuando llegue ese momento? Se convertirán seguramente en los mejores socios estratégicos que podamos tener.

Dos años después de leer *Padre rico - Padre pobre*, y ya con mi título universitario bajo el brazo, sentí la necesidad de independizarme y comenzar a hacer realidad lo que mi corazón me dictaba, fuera de la estructura que me había cobijado durante diez años. Me angustiaba hablar con Tito para anunciarle mi renuncia. Pensé que se enojaría. Pensé mal.

Tito me escuchó, sin sorpresa. "Desde que te conocí –me dijo– sabía que este momento iba a llegar. Los padres preparamos a los hijos para que, cuando se vayan de casa, tengan la mayor cantidad de herramientas para enfrentar la vida. Solo me gustaría recordarte que, a partir de ahora, vas a ser el único responsable de tu vida. Al principio, quizás sea duro. Pero es preciso que tengas claro que se trata de luchar contra esas dificultades. Y que, si ante el primer obstáculo en tu camino quieres volver a casa, estarás cometiendo un gran error. Uno que yo no te voy a permitir cometer". Las palabras de Tito fueron uno de los gestos de grandeza más importantes de mi vida.

"Mi Padre Rico", como bauticé a Tito después de su regalo, nos dejó físicamente en el año 2009. Tenía 49 años y mucho para dar. Me habría gustado que hubiese podido ver mi progreso. Poder decirle "gracias". Pero me consuelo pensando que nuestro mundo le quedaba pequeño y que Dios necesitaba un "socio estratégico" que lo ayudara allá, en el cielo, a resolver problemas más importantes que los de este mundo. Mientras, trato de ser leal a sus enseñanzas, aquellas que convertí y adopté como máximas que guían mi espíritu emprendedor.

Las seis máximas del emprendedor

- *Pase lo que pase, encarar siempre el nuevo día con una sonrisa.* La actitud positiva marca nuestras acciones y las de nuestro equipo.
- *Buscar siempre la excelencia.* Como señala Tom Peters, la excelencia consiste en preocuparse más que lo que otros consideren necesario, arriesgar más que lo que otros estimen seguro, soñar más que lo que otros crean práctico, esperar más que lo que otros supongan posible.
- *Comprometerse, dar la vida por el cliente.* Esto no debe asociarse ni confundirse con "el cliente siempre tiene razón". Se trata de algo más profundo. Es llevar adelante el proceso por el cual nos ganamos la fidelidad del cliente sobre la base de nuestra lealtad y nuestro compromiso. Esto no significa aceptar todas sus opiniones ni seguir sus decisiones ciegamente, sino hacer por él lo que haríamos por cualquier persona que nos importe: ponernos en su lugar, priorizar su interés, apoyarlo en sus proyectos, disuadirlo

cuando creamos que está por cometer una equivocación, sostener con coraje lo que consideremos que contribuirá a su mejor interés.

- *Asociarse, no competir a muerte con los pares.* Por el contrario, es preciso construir redes colaborativas con los colegas: juntos seremos siempre más fuertes para proveer a los intereses comunes, que son muchos, y más cuando desempeñamos un rol empresario.
- *Capacitarse en forma permanente y buscando siempre la excelencia.* Debemos tener la humildad de reconocer nuestros déficits y trabajar para superarlos a través del aprendizaje, permanentemente. El día en que creamos que sabemos todo, habremos llegado seguramente al principio del fin.
- *Aplicar el sentido común.* En la vida empresaria, infinidad de situaciones pueden resolverse recurriendo no solo a los conocimientos técnicos sino al sentido común, muchas veces el menos común de los sentidos.

CAPÍTULO 32

¿ES LO MISMO SER UN EMPRENDEDOR QUE UN EMPRESARIO?

Emprendedor es aquel que identifica una oportunidad y organiza los recursos para aprovecharla. Es innovador, flexible, dinámico, capaz de asumir riesgos, creativo y orientado al crecimiento. El emprendedor busca siempre nuevos retos, actualiza sus objetivos y trabaja en cumplirlos. El empresario, por su parte, es quien ve oportunidades de negocio y las aborda buscando generar rentabilidad.

Convertirse en emprendedor es el primer paso para iniciar un proyecto y, tal vez, la primera característica necesaria para ser empresario. Pero podemos también ser emprendedores sin el objetivo de crear una empresa.

A propósito, considero importante derribar una falsa creencia. ¿Cuál? Que ser emprendedor equivale a *librarse del jefe*. Esto es un error. Cuando nos lanzamos a la aventura de emprender, sobre todo durante la primera etapa, tendremos seguramente más de un jefe. ¿Quiénes? ¡Muchos de nuestros clientes adoptarán el rol de jefes! Además, también en esa primera etapa, lo más probable es que pasemos de trabajar nueve horas por día a hacerlo durante 16… Incluidos los fines de semana y las vacaciones.

Pero a no asustarse. La satisfacción de encaminar un proyecto propio es inigualable, y el sacrificio que demanda sin dudas vale la pena. No obstante, conviene advertir que si uno es más bien del tipo *bon vivant*, más hedonista que inclinado al esfuerzo y el estudio, mejor alejarse del desafío emprendedor.

Nada tengo contra el ocio. Por el contrario, creo mucho en el ocio del artista, así como en el ocio que permite a la mente aclararse y navegar por mares innovadores. El ocio dañino es aquel que impide sentar las bases del trabajo que hace realidad los sueños. Cada ser humano conduce su vida según su mejor saber y entender. Pero debemos estar advertidos: si tenemos sueños pero no los convertimos en objetivos ni hacemos lo necesario para alcanzarlos, nos encaminamos sin más trámite a la más profunda frustración.

Tengo un amigo que en una época fue abanderado del ocio. Para él, sin cuatro sesiones semanales de gimnasio, la vida no era vida. Y nada tenía sentido si no salía a bailar y divertirse de miércoles a domingo. Si él se hubiera conformado con ser alguien que vive de su salario, no habría habido problema. El punto es que dejó su empleo para convertirse en emprendedor. Y se quejaba porque le iba mal, porque hacía siete años que le faltaban dos materias para terminar su carrera universitaria, porque el dinero que ganaba no le alcanzaba, porque su capital se estaba esfumando, porque ni los colaboradores ni los clientes le duraban.

Es evidente que le faltaba el espíritu de sacrificio necesario... o el autoconocimiento requerido para elegir sus objetivos. Gracias a Dios, este amigo, luego de mucha insatisfacción por no lograr sus objetivos, sentó cabeza y hoy está nuevamente encaminado.

Cualquier proyecto demanda la cuidadosa atención del emprendedor, en especial en sus etapas iniciales. Es probable que durante un período de uno a dos años, según el tipo de proyecto, debamos atender todos los aspectos involucrados, "estar en todo", si queremos que funcione y crezca sanamente. Una vez que el proyecto esté en marcha, adquirirá cierta autonomía, "caminará solo" (relativamente), y nosotros tendremos más libertad. Pero, hasta ese momento, le debemos toda la dedicación posible.

CAPÍTULO 33

¿POR QUÉ FALLAN MUCHOS EMPRENDIMIENTOS?

El fracaso es una gran oportunidad para empezar otra vez con más inteligencia.

Henry Ford

Según las estadísticas, muchos emprendimientos mueren antes de cumplir dos años de vida. Si bien se trata de un tiempo breve, para el emprendedor responsable probablemente signifique una experiencia intensa, de gran desgaste emocional, que le habrá exigido afrontar problemas económicos, financieros, fiscales y, si no tuvo suerte, legales. Ahora bien, ¿cuáles son los errores más comunes que conducen al fracaso de la iniciativa emprendedora? Veamos.

Falta de espíritu de sacrificio

El nacimiento de un emprendimiento es un período de exclusivo sacrificio y dedicación. Si uno no está dispuesto al sacrificio, mejor evitarse el mal trago.

Falta de visión empresarial

La mayoría de los pequeños negocios fallan porque son construidos por personas técnicamente dotadas que no cuentan con una visión empresarial global para su negocio. El caso típico es un individuo con habilidades sobresalientes en un área, que trabaja como empleado en una empresa. Después de cierto período, cansado de trabajar para otro, decide independizarse. Deja su trabajo creyéndose preparado porque domina los aspectos técnicos del negocio. Hasta que se da cuenta de que, como trabajador independiente, debe ocuparse, además, de atender a los proveedores, administrar y vender. Pero la educación tradicional, por lo general, no prepara al egresado para llevar adelante un negocio propio sino para ser empleado en el negocio de otro. ¿Cómo compensar este déficit? Implementando sistemas y formando un equipo de trabajo que funcione sin depender de la intervención del emprendedor.

Falta de visión sistémica

La mayoría de las personas deja que lo urgente le gane a lo importante. Entra en la locura diaria de la rutina (pedidos, compras, ventas, vencimientos impositivos y demás), que demanda la atención de cosas urgentes dejando con frecuencia de lado lo importante: pensar la empresa, elaborar una planificación estratégica integral, capacitar al personal (explicándole cómo hacer sus tareas y qué desempeño se espera de ellos), desarrollar los procesos necesarios para que cada área del negocio funcione, incluso sin la presencia del fundador o líder.

En la etapa fundacional, es importante contar con asesoramiento profesional idóneo, tanto en materia contable e impositiva como de *coaching* empresarial y planificación financiera. Muchas veces no se recurre a estos profesionales creyendo que sus servicios son costosos o que pueden reemplazarse. Sin embargo, este suele ser uno de esos casos en que lo barato termina por salir muy caro.

Falta de visión comercial

Dominar una parte no significa necesariamente dominar todo el negocio. Algunos confunden reconocer esta limitación con debilidad y, en consecuencia, se lanzan a desarrollar tareas para las cuales no tienen la formación y la experiencia necesarias, en áreas como marketing, ventas, administración y otras. ¿Resultado? Se fracasa aun teniendo buenos productos.

Años atrás, con mi equipo, decidimos comenzar a dictar cursos de capacitación en diversas instituciones. El mayor desafío para mí radicaba en la gestión del proyecto. Por eso, evité involucrarme y delegué esa tarea en las personas especializadas que contraté. El equipo fijó el temario, seleccionó a los docentes y las instituciones donde se dictarían los cursos, estableció el calendario de actividades, desarrolló el material de cada clase, diseñó unas hermosas carpetas con nuestros logos para guardar el material del curso y hasta contrató el servicio de refrigerios. El producto era perfecto, sin dudas. Pero había un problema: a una semana de iniciarse el curso.... ¡no había inscriptos! Es que nadie se había ocupado de la venta. ¿Qué aprendieron mis colaboradores? Que por más perfecto que sea nuestro producto, si no se cuenta con la estructura comercial adecuada, será improductivo.

Falta de financiamiento

La inversión inicial de cualquier emprendimiento exige disponer del dinero para cubrir, como mínimo, seis meses de gastos correspondientes a la estructura. Esto significa poder sostener, aun sin ingresos, la estructura durante ese tiempo.

¿Por qué esta previsión de dinero? Porque los ingresos, con frecuencia, no fluyen como el plan de negocios preveía.

Los clientes pueden tardan en aparecer o consolidarse... y así el agua llegarnos al cuello. En esta etapa germinal, por lo general, no se cuenta con la antigüedad necesaria para que un banco nos dé su apoyo financiero.

Una situación análoga puede plantearse más adelante cuando, con el negocio establecido, necesitamos invertir para dar un salto de crecimiento. Muchas empresas a las que les esté yendo bien podrían ingresar en un terreno crítico cuando no pudieran invertir lo necesario para atender la mayor y/o más sofisticada demanda de sus clientes, quienes podrían reemplazarlas por otros proveedores.

Entonces, en ambos casos, es preciso contar con un buen plan financiero, que contemple todas las etapas. Y también mantener encendida nuestra creatividad para tener a mano alguna herramienta que permita inyectar capital de trabajo cuando haga falta: en el contexto actual, la falta de financiamiento genuino en el sector pyme y emprendedor hace cada vez más necesario agudizar el ingenio para encontrar soluciones a esta falencia sin recurrir al circuito financiero tradicional.

El fuego innovador

Un tema central en los años que se avecinan es la innovación. Innovar significa alterar algo, introduciendo novedades. En el caso de las empresas, la innovación busca crear o modificar un producto o servicio, e introducirlo en el mercado.

El concepto de innovación está altamente ligado a la eficiencia. El acelerado avance tecnológico, la globalización, el fácil acceso a los mercados internacionales y un sinfín de consumidores más exigentes imponen a las pymes un desafío constante de superación. Sin embargo, la inversión en innovación de las pymes es, con frecuencia, nula. Como profesional, advierto a mis clientes sobre la necesidad de prestar atención a la rápida obsolescencia de ciertos productos y de incorporar la innovación como un factor clave de la gestión. No obstante, la viabilidad de estas iniciativas no depende solo de la voluntad empresarial sino también de la posibilidad de acceso al financiamiento necesario, la ardua tarea de capacitar al personal, y similares, todo lo cual alienta una inercia peligrosa.

Recuerdo un cuento que me contaban en mis comienzos. Un cocinero arroja a una rana en una olla con agua hirviendo. Apenas tocó el líquido, la rana saltó y huyó. Pero el cocinero rápidamente aprendió la lección. La siguiente vez, puso la olla con el agua fría sobre el fuego y metió la rana dentro. El animalito, esta vez, se quedó. No se dio cuenta de que la temperatura del agua aumentaba… hasta que fue muy tarde.

Con la necesidad de innovar, a muchos emprendedores les sucede algo parecido: atentos a la inmediatez de lo urgente, abandonan la mirada estratégica que los conecta con lo importante. Así, olvidan pensar su empresa a dos, cinco y diez años, evaluar inversiones en maquinarias, desarrollar nuevos productos o servicios… hasta que es demasiado tarde. Los desafíos son y serán cada vez más numerosos y los cambios, más veloces. El agua puede calentarse de a poco. Evitemos que el hervor nos sorprenda dentro de la olla, como a la pobre rana.

CAPÍTULO 34

DIEZ MANDAMIENTOS DEL EMPRENDEDOR PYME

En las economías de América Latina y el Caribe, las pequeñas y medianas empresas ("pymes") son una prolífica fuente de puestos de trabajo. Sin embargo, muchas se encuentran rezagadas y enfrentan importantes desafíos.

Existen varias restricciones que imposibilitan el normal desarrollo de las pymes productivas. La principal: las dificultades para acceder al crédito. Aun así, tienen el potencial de convertirse en un pujante motor de crecimiento. El incremento de su productividad constituye un reto clave, que las pymes se aprontan a enfrentar con una creciente profesionalización de sus líderes, quienes desde hace ya muchos años apuestan cada vez más a su educación y capacitación.

América Latina necesita de emprendedores eficientes y eficaces para beneficio de sus empresas y del conjunto de las comunidades en que se encuentran insertas. ¿Qué lineamientos adoptar para alcanzar con éxito ese objetivo? La licenciada Analía Rovtar, directora de la Fundación Escuela Argentina de Emprendedores, resume diez **comportamientos típicos** de los emprendedores exitosos, que cito por estar muy alineados con aquellas bases que aprendí en mis inicios:

- *Saben adónde quieren ir.* Eligen sus metas en función de anhelos personales y aceptan los desafíos que impliquen. Los emprendedores exitosos visualizan el futuro y actúan hoy para que ese mañana suceda.
- *Tienen un plan.* Ordenan las tareas asignando tiempos y responsabilidades, e identificando los recursos materiales necesarios.
- *Perseveran.* Persisten en su propósito sin rendirse ante las dificultades. Hallan satisfacción en los logros y los emplean como motivadores para seguir adelante.
- *Buscan la creatividad.* El cambio no les resulta amenazante sino, por el contrario, atractivo. Consideran que explorar lo nuevo es un mecanismo razonable imprescindible para detectar oportunidades de negocio aún no aprovechadas, atender a la demanda o mejorar su manera de trabajar. Saben que el error es una posibilidad del proceso creativo y la aceptan.
- *Ambicionan la mejora constante.* Cada logro es un resultado a celebrar y un nuevo estándar… ¡a superar! Son apasionados por la excelencia.
- *Tienen palabra.* Asumen compromisos y los cumplen, aun cuando supongan eventualmente realizar sacrificios. Saben que, en el largo plazo, la credibilidad ganada es el capital más sólido.
- *Dominan los riesgos.* Los emprendedores abren caminos a partir de una lectura inteligente de sus entornos y la detección de nuevas tendencias. No son temerarios ni aventureros. Son conscientes de sus posibilidades tanto de éxito como de fracaso y deciden asumir el riesgo.
- *Consideran sabio reconocer que no saben todo y piden ayuda.* Creen que detectar e identificar preguntas que no pueden responderse es la mejor oportunidad para aprender. No temen preguntar. Por el contrario, encuentran en el diálogo y la escucha atenta el

terreno más fértil en oportunidades de negocio, de mejora e innovación. La frase predilecta de los emprendedores exitosos es: "No sé, ¿me explica?".

- *Establecen redes.* Han decodificado el valor central del nuevo siglo: la colaboración entre individuos, grupos e instituciones. Las redes operan como espacios privilegiados de soporte, consulta y reflexión que nutren sus emprendimientos. Y dan al emprendedor la orientación necesaria para alcanzar sus metas.
- *Se tienen confianza.* Creen en sí mismos y en su capacidad de alcanzar los objetivos que se han propuesto. Por eso, despiertan la motivación de su gente. No ocultan sus errores: los reconocen y confían en que pueden aprender para no repetirlos. Pero no pierden tiempo en reproches.

Superhéroes no, líderes

Otro tema clave para cualquier emprendedor es la conformación de un equipo de respaldo que le permita delegar y encontrar apoyo. Nadie es Superman.

Como argentino, me siento orgulloso del mejor gol de la historia de los mundiales de fútbol: el de Diego Armando Maradona frente a la selección inglesa en 1986, durante el Campeonato Mundial realizado en México. Pero, ¿qué habría sucedido si el equipo argentino hubiera sido derrotado? De nada habría servido ese gol, ni el partido sería tan recordado. El equipo es imprescindible para coronar un logro sólido y duradero. Es el sostén y la contención del emprendedor: él crea y el equipo ejecuta.

> El verdadero desafío al emprender es detectar una necesidad e implementar una solución. Pasar del dicho al hecho. Con pasión por lo que se hace. Sin pensar en el dinero, ya que este será una consecuencia de haber realizado un buen trabajo. Al menos esa es mi creencia.

CAPÍTULO 35

ETAPAS DE UN EMPRENDIMIENTO

Una empresa es como un ser humano: nace, crece, se desarrolla y muere (o lo hacen sus socios). Por eso, es vital pensarla identificando las posibles situaciones no deseadas que buscamos evitar y desarrollando una estrategia consecuente con esa previsión.

Debemos tener presentes dos conceptos fundamentales: la definición del negocio y el estándar de calidad a aplicar. No hay que olvidar que cualquier utilidad que busquemos será una consecuencia de brindarle la mejor opción al cliente.

Michael Gerber, gurú estadounidense de los negocios y uno de los mayores expertos en desentrañar el rol de los emprendedores, identifica tres etapas en los proyectos: niñez, adolescencia y madurez. Veamos de qué se tratan.

Infancia del emprendimiento (*start up*)

En esta etapa, el empresario es el negocio. Todo gira en torno a él. Tiene que cumplir con las funciones de emprendedor y visionario, de administrador y de operario: es un "todólogo". Al igual que un niño, el negocio es poco estable y el riesgo de fracaso es alto.

Con frecuencia, cuando abre las puertas de su negocio, el flamante emprendedor no cuenta aún con un plan o proyecto estructurado. Menos, con un estudio de viabilidad. Se inicia impulsado por el "sueño del taller": operar sin preguntarse si podrá consolidarse, sin tiempo para crear procesos eficientes ni volcar en papel su visión estratégica.

La vorágine del trabajo le hace pasar por alto lo más importante: la creación de un saber, un *knowhow*, que permita a cada área de la empresa funcionar aunque el dueño no esté. ¿En qué consistiría ese saber? En sistematizar la operación, la contratación, las ventas y otras funciones del negocio en una dinámica similar a la construcción de un modelo de franquicia.

Pasar de emprendedor a empresario equivale, según la teoría de Gerber, a aprender a manejar las "tres caras" del emprendedor: el *técnico* (especialista operativo), el *gerente* (diseñador de sistemas y administrador de la eficiencia de las estrategias), y el *visionario* (diseñador y dirigente de estrategias de innovación eficaces para concebir el futuro de la empresa). Así, mientras que el visionario y el gerente debaten en el interior del emprendedor acerca de cómo funcionará la compañía, el técnico trabaja sin esperar a que se resuelva el camino que emprenderá la empresa.

En lugar de diseñar procesos para que el negocio funcione por sí solo, los emprendedores, por lo general, se rinden a su perfil técnico: solo les interesa que las tareas se realicen, aun cuando eso demande sacrificio de tiempo, esfuerzo y calidad de vida. ¿Por qué esta confusión? Porque no se distingue entre ser eficaz y ser eficiente. Ser eficaz es conseguir la meta. Por ejemplo, entregar un producto a tiempo. Ser eficiente, en cambio, es lograr la meta con el mínimo de recursos y sin sacrificios innecesarios como trabajar horas extras. Este síndrome de trabajar mucho sin estructura conduce al cierre de la mayoría de las pymes. El agobio se hace presente no solo en la lenta expansión del negocio sino también en el desgaste emocional que esa lentitud provoca.

Sin un diseño estructural, señala Gerber, el emprendedor solamente consigue:

- *Inefectividad en la operación*: la productividad no resulta exclusivamente del trabajo del emprendedor; este debe saber –desde el inicio– qué y cómo delegar, y hacerlo.
- *Deterioro de la calidad de vida*: el emprendedor que, además de ser dueño, se convierte en jefe, administrador y ejecutor, termina por anular su vida personal; de este modo, el emprendimiento deja de estar al servicio de su felicidad.
- *Estancamiento:* sin tiempo para idear estrategias de expansión, el negocio –en el mejor de los casos– solo sobrevive; la supervivencia puede ser un objetivo de arranque para la empresa, pero no su finalidad última.
- *Problemas financieros:* sin estrategia ni visión empresarial, pronto escasearán los ingresos necesarios para pagar a los proveedores, los salarios y demás compromisos; la empresa como edificio no puede sostenerse sin estructura.

Con frecuencia, el emprendedor se resiste a reconocer y aceptar que, en realidad, no sabe cómo desarrollar un negocio. Muchos llevan tanto tiempo al frente de su empresa o se desempeñan durante tantos años en el mismo rubro, que confunden el dominio operativo con la habilidad estratégica. Así, el emprendimiento se convierte simplemente en una forma de autoempleo que, a la larga, no reditúa en un mejor trabajo u oportunidades de crecimiento. Aunque en su perfil técnico el emprendedor suele ser muy trabajador,

> El primer aprendizaje clave del emprendedor es permitir que el visionario y el gerente que conviven en él dominen al operario.

debe permitir que el visionario y el gerente que conviven en él señalen el camino de la empresa, y dirijan los procesos a desarrollar, sin entorpecer el accionar. El secreto en esta etapa reside en no otorgar al perfil técnico del emprendedor el poder de dirección de la empresa.

Adolescencia, el desarrollo en marcha

Si el negocio logra transitar y superar su infancia, ingresa a la adolescencia. El empresario decide pedir ayuda porque no da abasto con todo el trabajo. Busca formar un equipo y aprende a delegar responsabilidades. Y este es el mayor desafío de la etapa.

Aprender a delegar requiere, en primer lugar, aceptar que los demás no harán las cosas con igual *expertise* que nosotros. Es muy posible que se equivoquen, como cualquiera que esté aprendiendo. Si logramos dominar la aspiración de fabricar clones de nosotros mismos, se multiplicarán las posibilidades de que el proceso no nos afecte emocionalmente ni nos desmotive.

La delegación no solo abre la oportunidad de establecer un equilibrio saludable y satisfactorio entre nuestra vida personal y laboral. Reconocer que no somos absolutamente imprescindibles y que nuestro modo de hacer las cosas puede no ser el único correcto quizás socave cierta pretendida omnipotencia... ¡pero nos pondrá en el camino de una vida más plena! Ser la cabeza de la empresa no significa que tengamos que estar en todos y cada uno de los procesos: debemos confiar en que el equipo que hemos creado será capaz de tomar las mejores decisiones.

Un buen empresario diseña sistemas que clarifican las preguntas básicas: qué, cómo, con qué, cuándo, por qué y para qué. El secreto en esta etapa es delegar y replicar modelos exitosos.

Madurez: la empresa encaminada

Llegar a esta última etapa indica que hemos tenido éxito en formar un buen equipo y en implementar sistemas que funcionen sin nuestra intervención directa. Un indicador de la salud de la empresa es que, como dueños, hayamos aprendido a trabajar en el negocio, no para el negocio.

Con los sistemas creados y las funciones correctamente delegadas, el empresario puede dedicarse de lleno a la venta de sus productos o servicios o a emprender nuevos proyectos. Incluso, puede aplicar el mismo modelo y comenzar con otro emprendimiento. También puede vender la firma, llave en mano, para dedicarse a algo diferente. Vale la pena señalar que el destino de todo negocio no es tener más sucursales y vendedores, o mayor operación y presencia en el mercado local, nacional o regional. Multiplicarse es una buena idea solo cuando hemos elaborado un sistema para acrecentar el éxito y no los errores.

> El tercer aprendizaje clave del emprendedor es innovar y reinventarse una y otra vez.

Si somos emprendedores natos, esta etapa puede ofrecernos una buena oportunidad para vender: muchas personas que no cuentan con las habilidades que nosotros hemos sabido desplegar hasta aquí, buscan superar esa limitación invirtiendo en un negocio que ya está en marcha.

Una vez que el crecimiento se ha consolidado, el emprendedor puede gozar de las utilidades. Según los resultados que arroje el análisis del costo de oportunidad, puede decidir reinvertir en el negocio (por ejemplo, si sus oficinas no son de su propiedad sino que las alquila, puede evaluar –sin afectar el capital de trabajo– comprarlas y así capitalizar la compañía) o buscar nuevas alternativas de inversión. El secreto en esta etapa es innovar y reinventarse de manera continua.

CAPÍTULO 36

¿CÓMO EVALUAR SI EL EMPRENDEDOR TIENE LAS PRUEBAS SUPERADAS?

Siempre elige un camino con corazón.

Carlos Castaneda

Si en tu negocio todo va bien, los tres perfiles de nuestro ser empresarial –el perfil técnico, el gerencial y el visionario– deberían verse así:

- *El perfil técnico.* Tenemos tiempo para aprender y mantenernos al día, principalmente, en lo que respecta a las tecnologías digitales. Antes íbamos al banco, vigilábamos las finanzas, hablábamos con los clientes, dirigíamos proyectos y, si hacía falta, hacíamos trabajo operativo. Teníamos todo por resolver. Hoy, en cambio, somos espectadores atentos que aportan su *expertise* en calidad de asesores.
- *El perfil visionario.* Procuramos ver el futuro de la empresa desde una perspectiva periférica, fuera del negocio. Dialogamos con expertos, buscamos nuevas tecnologías e investigamos sobre su implementación. Optimizamos los procesos con ideas nuevas para facilitarle el trabajo a nuestra gente.

- *El perfil gerencial.* Es el intermediario entre el visionario más soñador y el técnico más implicado en la ejecución. Desde nuestro perfil gerencial, vigilamos a la distancia que todos cumplan sus funciones. Damos libertad a los empleados dentro de los límites que marcan las directrices y reglas establecidas. Canalizamos la creatividad y el entusiasmo hacia donde haga falta y, si es necesario, brindamos asesoramiento. Además, nos encargamos de comunicar las innovaciones y oportunidades disponibles para expandir la empresa.

Si en nuestra vida personal, además, disponemos del tiempo y la energía para levantarnos por las mañanas y salir a correr o practicar deportes, si podemos tomarnos días libres para pasear en familia o compartir momentos con amigos, si tenemos la energía, el entusiasmo y el espacio en la agenda para profesionalizarnos y perfeccionarnos a través de la lectura y la participación en jornadas de capacitación, si nuestra vida personal como hijos, esposos, padres y amigos es plena, si todo esto se conjuga, podremos decir entonces: "Mi emprendimiento es un éxito".

La mayoría de las empresas que fracasan o nunca progresan fueron creadas sobre la ambición de personas que solo buscaban ganar dinero rápido y que, al enfrentarse con el primer obstáculo, se rindieron. No tenían la pasión suficiente para continuar con el negocio. Carecían del fuego emprendedor.

EPÍLOGO

LAS TRES LLAVES QUE HACEN REALIDAD TUS SUEÑOS

Estamos en una década llamada a cambiar la historia de las economías mundiales. La crisis internacional que comenzó en 2007, con centro en Europa y los Estados Unidos, demandará a esos países al menos seis o siete años más para revertir sus consecuencias. Esto trastoca los roles tradicionales de la economía mundial: los países centrales están pasando algunas turbulencias, mientras que los emergentes los desplazan de la escena a fuerza de economías estabilizadas y en crecimiento.

Todos estos cambios generan oportunidades, pero solo las aprovecharán aquellos que tengan las herramientas para hacer un uso inteligente de la información. La falta de educación financiera puede convertir decisiones estratégicas en una opción elegida al azar. Según el medio periodístico que consultemos, creeremos que vivimos en el paraíso o en el infierno. Solo una educación financiera sólida puede transformar los datos en información, y a esta en insumos para decidir con inteligencia y fundamento. La tarea es dura, pero no imposible. En este cuadro, los asesores financieros debemos asumir un rol social clave.

Toda crisis es una oportunidad. Existen múltiples necesidades en todo el mundo que esperan ser atendidas. Con la capacitación adecuada, la creatividad emprendedora y un espíritu laborioso todo es posible. Lo más difícil es, en realidad, tomar la decisión y vencer el miedo a hacer.

Estoy convencido de que para abrir la caja de los sueños y hacerlos realidad hacen falta tres llaves: *tiempo, sacrificio* y *humildad para seguir aprendiendo.*

Las finanzas, como la vida, son similares a una montaña rusa: por momentos estamos arriba, por momentos estamos abajo. Los malos momentos pueden llegar. Y van a llegar. Lo mejor siempre puede suceder. Y lo peor... lo peor siempre es ocasión de aprender.

Por eso, en esta "montaña rusa", la calma es la mejor aliada de la razón. Mantenerse equilibrado y avanzar, aunque se tropiece. Porque si aprendemos de las caídas, nos acercaremos a nuestro objetivo con mayor sabiduría.

Cuando le preguntaron a Thomas Edison por qué continuaba con sus experimentos después de fracasar mil veces, corrigió a su interlocutor: "No fracasé. He conseguido descubrir mil formas de cómo no debe hacerse".

Sigamos adelante. Lo mejor está siempre por venir.

Gracias por ser parte de la filosofía de InvertArte.

Incorporá un método a tu vida y tus objetivos serán mucho más realizables. No tengo dudas.

Hasta el próximo viaje.

ACERCA DEL AUTOR

Leonardo Emanuel Rocco (Buenos Aires, 1980) es contador público especializado en asesoramiento financiero y en seguros sobre las personas.

Fundó y dirige SAT Financial Planning, empresa orientada a la planificación financiera integral de patrimonios individuales y corporativos.

Es fundador, presidente y docente de la Escuela Argentina de Finanzas Personales.

Dirige la revista especializada *Cultura Inve$t* y es columnista económico del programa "¿Qué hacemos con los pesos?", que se emite por Canal 26, y del programa radial "Mundo dinero", que se emite por Radio El Mundo.

Es miembro de la Asociación Argentina de Fideicomisos y Fondos de Inversión Directa, donde se desempeña como coordinador de la comisión de negocios inmobiliarios. Asimismo, lidera la Comisión de Pymes del Consejo Profesional de Ciencias Económicas de la Provincia de Buenos Aires, Delegación Lomas de Zamora.

Colabora en diferentes medios gráficos. Actualmente se encuentra realizando la Maestría en Finanzas de la Universidad del CEMA.

Este libro se terminó de imprimir en el mes de octubre de 2015,
en Artes Gráficas Color Efe , Paso 192, Avellaneda,
Buenos Aires, República Argentina.